KB167655

**이상한 세상에서
나 자신으로 사는 법**

Taking Off the Mask

이상한 세상에서
나 자신으로 사는 법

자폐 심리학자가 말하는
자기 공감의 힘

해나 루이즈 벨처
김시내 옮김

ᄒ현암사

이상한 세상에서
나 자신으로 사는 법
── 자폐 심리학자가 말하는 자기 공감의 힘

초판 1쇄 발행   2023년 8월 23일

지은이   해나 루이즈 벨처
옮긴이   김시내

펴낸이   조미현
책임편집   박승기
디자인   나윤영

펴낸곳   (주)현암사
등록   1951년 12월 24일 (제10-126호)
주소   04029 서울시 마포구 동교로12안길 35
전화   02-365-5051
팩스   02-313-2729
전자우편   editor@hyeonamsa.com
홈페이지   www.hyeonamsa.com

ISBN 978-89-323-2318-3   03180

내 본모습을 일깨우고 그대로 받아들여 준

모든 자폐인에게 이 책을 바친다.

— 차례

자폐인은 대개 의식하지 못한 채 비자폐인들이 자기 입맛에 맞게 정해놓은 상황 속에서 살아가고, 그러다 보니 타고난 욕구와 성향을 묻어두라는 주위의 시선을 느낀다. 게다가 사회적 규범을 따르지 않았을 때 만회할 기회조차 없을지 모를 이 세상에서 끊임없이 괴롭힘당하며 고통스러워한다. 그래서 저자의 의견처럼 '위장', '마스킹', '적응성 변화Adaptive morphing'로 알려진 전략을 모으고 모아서 이런 곤경에서 벗어나려 한다. 비자폐인과의 상호작용에서 '합격'할 수 있도록 정교하면서도 에너지 소모가 큰 행동 레퍼토리를 개발하며 남과 어울리기 위해 자폐 특성을 감춘다는 의미다.

저자는 비자폐인이 다수인 세상에서 자폐인이 위장하는 건 매일 마주하는 도전에 대해 인간으로서 보이는 자연스러운 반응이며 면접과 같은 상황에서 유용하다 말한다. 이와 동시에 자기 경험을 들려주고 최신 과학 연구 결과까지 소개하며 위장이 문제를 해결하기보다는 지치고 불안하다는 생각과 진정한 욕구가 뭔지도 모르는 불안정한 상태를 초래해 자폐인에게 해롭다고도 주장한다.

이 책에서 돋보이는 점 중 하나는 저자가 (자폐 연구자들 가운데 거의 유일하게) 실제로 이런 상황에 대처할 방법에 관해 실질적이고도 유효한 조언을 한다는 것이다. 저자는 자폐인이 불친절한 환경에서 어쩔 수 없이 위장해야 한다고 본다. 따라서 우리는 자폐인에게 알아서 위장을 줄이라고 하는 실수를 저질러서는 안 된다. 대신, 학교와 직장 등 여러 환경에서 더는 자폐인에게 위장 의무를 지우지 않도록 더 폭넓은 시각을 가질 수 있는지 따져봐야 한다. 저자는 또한 자폐인이 자신의 위장을 돌아보고 점차 줄일 수 있도록 실질적인 조언을 들려준다. 이 과정을 통해 자기 자신을 발견하고 보다 온전하며 만족스러운 인생관을 가질 수 있을 것이다.

'자폐인의 가면 벗어 던지기'를 주제로 책을 쓸 만한 사람이 저자 말고 또 있을까? 아마 없을 것이다. 저자는 어린 시절부터 자폐를 겪은 자폐인으로서 자신의 위장 경험과 함께 이 세상을 다른 방식으로 살아갈 수 있는 방법을 개척하는 여정을 설득력 있게 들려주는 심리학자다. 재미나고 실용적인 이야기 속에 자신의 삶, 다른 자폐인과의 대화, 인지행동치료, 진화심리학, 인지신경과학, 마음챙김 등 여러 분야를 녹여내며 여러 사람에 공감하는 동시에 자기 주장을 분명하게 전달한다. 게다가 구체적인 조언과 따라 하기 쉬운 단계별 활동을 제시하며 그 과정에서 도움이 될 다양한 양식도 제공한다.

이 책은 지금껏 어떻게 해야 좋을지 몰랐던 문제에 관해 한 줄기 빛처럼 진정성 있고 현명한 조언을 들려준다. 자폐인을 대상으로 하지만, 자폐인을 마주하는 전문 직군, 또한 자폐인과 함께 살아가는 주변인 모두에게 귀중한 지침이 될 것이다. 결단력, 공감, 창의성을 통해 자신의 진정한 자아를 되찾은 저자의 이야기를 들려주며 다른 사람들도 자신만의 여정을 떠나 같은 경험을 할 수 있도록 도와줄 책이다.

2022년
유니버시티칼리지 런던 신경발달질환 교수
임상 심리학 박사 윌 맨디Will Mandy

    자폐 스펙트럼 질환은 (공식적으로 자폐 스펙트럼 장애라 하며) 다양한 특성과 관련 질환을 동반하는 신경발달질환이다. 다양한 연령층에서 저마다 매우 다양한 사람들이 증상을 보이는 것만 봐도 알 수 있다. 이 책에는 자폐에 관해 나만의 해석과 시각이 담겨 있어 읽다가 독자의 생각과는 다소 다른 아이디어나 용어가 있을지도 모르겠다. 그러나 지적 장애가 없는 다른 자폐인의 견해를 알 수 있는 생생한 경험담도 만나볼 수 있다. 우리는 대체로 몸과 마음이 모두 병들어 있지만, 기존 용어로 '고기능 자폐' 또는 '아스퍼거 증후군'이라고 진단받는 경우도 있다. 따라서 자폐에 관해 이 책에서 다루지 않는 내용이 있을 수 있다는 점을 말해둔다.

    이 책은 치료용이 아니다. 훈련받은 전문가의 정신 건강 지원을 받으면서 읽어볼 책이다. 책을 읽거나 책 속에 있는 활동을 끝마치는 게 너무 버겁다면, 도움을 요청하자. 급하게 정신 건강 지원이 필요할 땐 아래에 소개한 응급 연락처에 연락할 수 있다.

한국

자살예방 상담전화: 1393

정신건강 상담전화: 1577-0199

청소년 상담전화: 1388

영국

사마리탄스 Samaritans

이메일: jo@samaritans.org

전화: 116 123

미국

국립 자살 방지 라이프라인 The National Suicide Prevention Lifeline

전화: 1-800-273-8255

온라인 채팅: http://suicidepreventionlifeline.org

호주

라이프라인 Lifeline

문자: 0477 13 11 14

전화: 13 11 14

 우리는 상황에 따라 다르게 행동하는 사람을 보고 카멜레온 같다고 한다. 그런 사람들은 놀랍게도 피부색을 바꿔 위장할 수 있는 카멜레온처럼 어딜 가도 '잘 녹아든다'. 카멜레온이 먹잇감을 속이려고 위장한다는 말이 있는데 속설에 불과하다. 사실 그보다는 주로 사회적 목적 때문에 신경계에서 피부 색소에 신호를 보내 몸을 변화시킨다.[2] 자유자재로 색을 바꾸며 다른 개체에 의도를 전달하는 것이다. 밝은색은 공격, 어두운색은 항복이다. 카멜레온은 오랫동안 무의식적으로 피부색을 바꾸는 능력을 키우면서 자신만의 세상을 꾸려왔다. 앞으로 살펴보겠지만, 사회적으로 더 복잡한 관계를 맺고 있는 인간 역시 그간 하나의 종으로서 주위에 '어울릴 수 있는' 전략을 발전시켰다.

 나는 처음으로 실패를 경험한 뒤 이유를 알고 싶어 지푸라기라도 잡는 심정으로 산산조각난 내 작은 세상을 조심스레 살피며 10년 넘게 나 자신을 알아내려 했다. 그 결과, 여태껏 내가 위장하고 있었다는 사실을 깨달았다. 호감은 사고 싶은데 괜히 시선 끌고 싶지 않아 자폐 특성을 감추고, 자폐라고는 모르는 주변 사람들과 어울리려 노력했던 것이다. 그러나 줏대 없이 남을 의식한 탓에 마음이 헛헛하기만 했다. 어디로 가야 할지 도무지 알 수 없었고, 신기하게도 그런 고통스러운 시간을 딛고 나 자신은 물론이고 다른 사람들까지 재발견하게 될 거라고는 꿈도 꿀 수 없었다.

학교에 간 첫날, 나는 눈물범벅이 된 채 겁에 질려 엄마를 찾으며 집에 가려고 했다. 그러는 동안 단 한 마디도 하지 않았다. 선생님들은 내가 말을 거부하는 거라고 했겠지만, 나는 네 살 때 이미 그게 사실이 아니라는 것을 알았다. 말문이 막혀 한 마디도 '할 수 없었다'. 선생님들이 뭐라도 말하라며 어르고 달래도 그럴 수 없어 입을 꾹 다물고만 있었다. 학교에 있던 치료사 역시 내가 분명 말할 수 있지만, 일부러 거부하는 거라며 한 마디라도 쥐어짜려 했다. 판단은 맞았지만, 방식이 틀렸다. 나는 고집쟁이에 '주목받고 싶어서' 말을 안한 게 아니었다. 정반대였다. 나 자신을 드러내고 이목을 끄는 게 무서워서 말을 안 한 거였다. 말을 할 때마다 속살을 내보일 것만 같았다. 악순환이 이어졌다. 입도 뻥끗 않는 나를 비추던 스포트라이트가 점점 커지는 통에 무리에서 툭 삐져나와 원치 않던 관심을 받고 말았다. 결국, 내가 졌다. 뭘 그

렸냐는 선생님의 물음에 0.01초쯤 되는 시간 동안 "기니…"라고 입을 떼고는 "피그!"라며 냅다 소리를 지르고 화장실로 뛰어갔다. 그러고는 앞으로 남에게 맞춰 살겠다고 결심했다.

이후 학창 시절을 지나 대학생이 되고 나서도 나를 포함해서 내가 혹시 자폐인지 의심하는 사람이 생기기 전까지 어린 시절 결심대로 살았다. 남성 자폐 확률이 높은 이유를 주제로 학부 논문을 쓰면서 내게도 여러 자폐 특성이 있어 그 사실을 감추려고 꽤 노력 중이라고 생각한 적이 단 한 번도 없었다. 그러다 이유 없이 평정심을 잃는 나 자신을 발견했다. 대학에서 심리학을 전공하고 무엇이 문제인지 알아보며 세상에 있는 온갖 정신 문제를 내게 갖다 붙이는 동안에도 레이더망에 자폐는 없었다. 미술치료사를 만나고 나서 마침내 나 자신을 파악했고 단순 불안 장애라면 설명하기 힘든 불안감에 오랫동안 시달리며 살 수 없다는 것을 깨달았다. 나는 나보다 나를 더 잘 이해해 주는 이 치료사와 1년 넘게 함께했다. 내 얕은 지식으로 자폐는 남자아이들의 이야기일 뿐이었고, 누가 봐도 티가 나서 어린 시절에 진단받는 질환이었다. 초등학생 시절에 자폐 증상을 보이는 남학생 하나가 있었다. 우리 모두 그 애가 온다는 소식과 함께 남다르게 행동할 거라는 말도 들었다. 그러나 내 눈에 그 애는 그다지 이상하지 않았고, 오히려 멋진 친구였다. 자기 모습 그대로 지내는 게 좋아 보여 혼자 몰래 질투하기도 했다.

엄마와 함께 마침내 자폐 검사를 받으러 갔을 때 나는 스물세 살이었다. 집으로 돌아가면서 엄마에게 왜 내가 자폐라는 사실을 더 일찍 눈치채지 못했냐고 물었다. 그러자 엄마는 이렇게 말했다. "너희 아빠하고 나는 그런 모습이 자연스럽다고 생각했어. 우리 눈에는 그저 예쁜 딸이었는걸." 그러나 어린 시절에 보인 이상한 구석을 적어보니 앞뒤로 빼곡히 네 장이나 됐다. 엄마는 나를 진단해 줄 정신과 의사에게 딱히 말할 게 없을까 봐 걱정했지만, 기억하는 게 엄청나게 많았다. 나는 엄마가 내 행동을 '장애'로 여긴 적이 없다는 사실에 정말 기뻤다. '사회적인 나'는 친구들과 선생님의 사랑을 받았지만, 슬프게도 진짜 내 모습을 조금은 접어둬야 했다. 자폐를 감추지 않았다면, 나를 보고 '문제'라고 생각하는 사람도 있었을 것이다. 그러나 동시에 힘이 돼주고 나를 더 너그럽게 봐줬을지도 모를 일이다.

자폐의 한 갈래인 아스퍼거 증후군이라는 진단을 받고 온갖 감정이 스쳤다. 마침내 답을 찾아서 기뻤고 그간 겪었던 문제가 내 탓이 아니었다는 것에 더 기뻤지만, 내 증상을 일찍 알아챈 사람이 없어 이제야 도움을 받게 된 현실에 슬펐고 화가 치밀었다. 나 자신을 모른다는, 아니 아예 안 적이 없다는 사실에 절망과 상실감도 느꼈지만, 결국 그런 나를 품고 연민 비슷한 감정을 느꼈다. 그러나 감정의 흐름은 물 흐르듯 하지 않았다. 10년이 지나도 때때로 하루에 이 모든 감정을 널뛰듯 경험하곤 했다.

나 자신을 받아들이는 건 쉽지 않았고 큰 노력이 필요했다. 스물두 살 때부터 매주 치료에 참석했고, (괜찮긴 하지만 썩 좋진 않은) 책을 질릴 정도로 많이 읽었고, 울기도 많이 울며 얼굴까지 많이 상했다. 그리고 좌절을 반복했다. 2013년, 나는 스스로 답을 찾으려고 여성의 늦은 자폐 진단이라는 주제로 박사 과정을 시작했고, 그 덕에 나처럼 다 자라고 나서야 뒤늦게 자폐 진단을 받은 사람들과 대화해 볼 수 있었다. 나는 산 하나를 타고 내려오는 여정을 시작한 거였고, 금방 끝낼 수 있을 것 같지는 않아 보인다. 태어나서 10대 시절까지 통째로 잃어버린 내 인생을 되찾아야 하기 때문이다! 그래도 지금은 정상에 올랐구나 싶다. 지난 시절을 왜 그렇게 보냈는지 다 알 것 같고 앞으로 해야 할 일이 훤히 보인다. 지레 겁먹지 않으니 너무나도 멋진 광경이 눈앞에 펼쳐진 것이다.

지금 당장 자폐를 숨기려 든다면 엄청난 고통에 심하게 방황할지도 모른다. 위장을 하는 것은 진짜 '나'는 별로라 남들이 좋아하지 않을 거고 결국 내가 문제라는 식으로 생각하는 것이다. 그러나 그런 자세로는 남은 물론이고 자신과 더 깊고 의미 있는 관계를 맺을 수 없다. 이 책을 읽으면서 자신의 위장 행동에 관해 통찰을 얻고 무엇이 도움이 되고 방해가 될지, 그리고 작은 변화부터 시작해 마음이 건강한 사람이 되는 방법을 알아낼 수 있었으면 한다.

나는 이 책을 통해 내 경험과 그간 얻은 교훈을 들려주고, 개인적으로 가장 도움이 됐던 방법들을 소개하고 싶다. 아예 위장하지 말라고 하지는 않겠다. 여러분이 품고 있는 생각, 믿음, 목표를 더 분명히 인식할 수 있도록 도우려 한다. 책을 읽으면 알겠지만, 위장이 나쁘기만 한 건 아니다. 위장은 인간이라면 모두 성장하기 위해 사용하는 기술이며 하나의 생물 종으로서 사회화를 배운 방식이기도 하다. 게다가 다양한 방식으로 우리의 생존을 도왔다. 어렸을 때부터 위장하는 법을 배울 수 있다니 우리가 얼마나 똑똑하고 놀라울 정도로 강력한 존재인지 알아줘야 한다. 그러나 알아둘 게 또 있다. 예전에 유용하게 써먹었던 전략이 지금도 그럴 거란 보장은 없다. 오랜 습관과 행동을 끊어내야 훌쩍 성장할 때도 있다. 세상이 생각대로만 돌아간다면, 자폐인은 정신 건강 지원을 받고 전문 치료사와 일대일로 여러 활동을 할 수 있을 것이다. 그러나 보건소에서 정신 건강 진단이라도 받으려고 기다리는 사람들의 기나긴 대기 명단과 대안으로 찾아갈 개인 병원에서 결제할 진료 비용을 생각하면, 내게 가장 유용했던 도구를 책에 담아 최대한 많은 사람에게 전달하고 싶었다.

이 책은 여섯 장으로 구성돼 있다. 초반에는 위장이 무엇인지 정의하고, 우리가 어떻게 위장을 배우며 왜 배우는지 밝히고, 위장의 영향이 무엇인지 알려주는 연구를 찬찬히 소개할 것이다. 그렇다고 해서 위장을 처음부터 끝까지 알려주지는 않는다. 위장을 깊게 알고 싶다면, 펠리시티 세지윅Felicity Sedgewick 박사가 동료들과 함께 쓴 『자폐와 마스킹Autism and Masking』(2021)를 추천한다.[3] 나는 여기서 여러분이 그간 어떻게 위장했으며 왜 그랬는지 분명히 알려주고 통찰을 전하려 한다. 제대로 알기만 해도 절반은 먹고 들어간다. 정확히 인식하고 나면, 위장할지 말지 내 뜻대로 정할 수 있게 된다.

중반에는 바로 시도해 볼 실용적인 도구와 기법을 가지고 한층 직접적으로 다가갈 것이다. 도구로는 여러분이 그간 어떻게 위장했고 어떤 기분이었는지 알아볼 때 흔히 사용하는 자가 치료법을 실어놨다. 아마 나처럼 갑자기 자폐 진단을 받고 왜 그동안 몰랐는지 답을 찾고 있는 사람들이 있을 것이다. 한동안 위장하며 오랫동안 우울함에 시달렸다는 사실을 알아채고는 그 둘이 연관된 건지 궁금해하고 있을지도 모르겠다. 자존감을 높이고 불안감과 우울함을 관리하는 기법으로 자기 공감Self-compassion을 배우고 자신에 관한 믿음을 다시 설정하는 방법 등을 살펴볼 것이다. 어쩌면 여러분은 남의 평가에 너무 신경 쓴 나머지 다른 것은 그 무엇도 재미나지 않을 수 있다. 아니면 남들 앞에서 가면을 계속 쓰고 있으려다 마음속으로 점점 더 매섭게 자신을 비판해서 끊임없이 자책하고 더 많이 실수할까 봐 걱정하고 있을지 모른다.

후반 들어서는 위장이 유용하지 않거나 기분을 망칠 수도 있는 상황 속에서 쓰고 있던 가면을 벗어 던지는 방법을 알아볼 것이다. 가면을 쓰면 면접장에서야 도움이 되겠지만, 온종일 직장에서 일할 때는 너무 피곤하다. 아마 여러분은 수도 없이 멘탈 붕괴를 겪고, 집으로 돌아오면 가족, 친구들과 뚝 떨어져 혼자 있을 것이다. 그래서 자동조종장치를 켠 것처럼 사회생활을 하기보다는 언제 어디서 위장할지 정하는 연습을 하며 자신에게 힘이 될 수 있는 발판을 마련하도록 도우려 한다.

JKP 라이브러리에 부모, 교육자, 치료사가 읽어볼 만한 내용을 추가로 올려뒀다(이번 장 끝에 다운로드 방법이 있다). 자폐 아동, 학생, 내담자의 위장 방식을 파악하고 자신감을 키워주며 성장할 수 있게 돕는 과정에서 무엇을 할 수 있는지 알아볼 때 유용할 것이다. 여러분을 지지해 주는 주변 사람들과 나눠도 좋을 자료다.

이 책에서 소개한 기법 중에는 마음에 안 드는 게 있을 수 있다. 무의미하거나 혼란스러운 것도 있을 테고 동의할 수 없는 것도 있을 테지만, 괜찮다. 예전에 치료사가 자주 했던 말처럼, 모든 걸 해결할 마법 지팡이는 없다. 나는 이 책에서 내 경험뿐만 아니라 치료사와 다른 자폐인의 경험까지 소개해 여러분 앞에 폭넓은 선택지와 의견을 내놓고 싶었다. 만약 책에서 잘난 체하는 구석이 보인다면, 미리 사과의 뜻을 전한다. 최대한 여러 사람이 읽을 만한 책을 쓰려고 하다 보니 기본 개념은 물론이고 더 복잡한 개념까지 포함하게 됐다. 어린 독자층을 위해 10대 시절에 알았으면 좋았을 개념도 실었다. 이 책에서 여러분에게 유용한 것만 골라 쓰고 나머지는 버려도 좋다.

나는 자폐인들에게 위장 경험과 위장이라는 전략을 줄이기 위해 사용한 전술을 이메일로 내게 들려달라는 글을 트위터에 올렸다. 이후 그들과 나눈 이야기를 책 속에 풀어내거나 들은 그대로 실어놨다. 자폐 전문 치료사의 견해도 들었다. 특히, 운 좋게도 카테리나 함Katherina Hamm 박사의 도움과 지혜를 얻을 수 있었다. 박사는 런던 남부에 있는 국립 성인 ADHD 및 ASD 심리 서비스와 영국에서 몇 없는 자폐 전문 국립 건강 서비스 중 한 곳인 모즐리 NHS 트러스트Maudsley NHS Trust에 재직했던 임상 심리학자다. 여기에 갈 수 있어 행운이었다. 마지막으로, 나는 자폐를 주제로 연구한 이력을 살려 개인 경험에 더해 자폐에 관한 주요 연구까지 포함하려고 했다. 모든 독자가 이해할 수 있도록 각 장을 시작할 때마다 주요 용어를 정리했고, 가능한 한 전문용어를 피했다. 책에서 소개한 연구를 더 알고 싶다면, 본문 속 숫자를 보고 참고 문헌에서 해당 연구를 찾아보면 된다.

자신을 바꾸고 고통을 안겨준 삶의 일부를 살펴보려 할 때 시작부터 비참한 건 지극히 정상이다. 만약 너무 어렵거나 고통스럽다면 힘이 돼줄 사람에게 도움을 청해보자. 책 앞부분에 있는 '읽기 전 알아두기'를 보면 연락 가능한 지원처를 찾을 수 있다. 이 책에는 동의할 수 없는 구석이 있을 수도 있다. 저마다 자폐에 관한 경험과 견해가 있겠지만, 나는 책을 쓰는 내내 가장 일반적으로 사용하고 수용하는 언어, 용어, 개념을 사용하려 했다.

요약하자면, 이 책은 내 개인적 경험과 자폐에 관한 여러 사람의 의견, 심리학 연구, 자기 계발 자료를 종합한 모음집이다. 각 장에서 제시한 활동을 곧장 해볼 수 있도록 책에 공간을 충분히 만드는 데도 신경 썼다. 여러분 모두 여정에 행운이 있기를 바란다.

다음 웹 사이트에 방문해 KAMDWVM을 입력하면, 책에 실은 표와 추가 내용을 다운로드할 수 있다.

https://library.jkp.com/redeem

따라 해야 살아남는다

1

· 이번 장 미리 보기 ·

우리 모두 주위 사람을 모방해
사회적 유대를 쌓아나가고,
자폐에서 위장은 일반적인 특성이라는
사실을 알아볼 것이다.

주요 용어

위장 Camouflaging

비자폐인처럼 보이려고 사용하는 몇 가지 행동 전략을 종합하는 말

마스킹 Masking

자폐 특징을 감추는 위장의 한 형태

모방 Imitation

남의 행동과 소통 방식을 따라 하는 행동

선택적 함구증 Selective mutism

특정 상황에서 너무 불안한 탓에 말문이 막히는 증상

마음 이론 Theory of Mind

자신과 주변 사람의 여러 정신 상태를 파악하는 능력

공감 능력 Empathy

남의 감정을 읽고 공유하는 능력

자폐에서 위장이란 일반적으로 남과 어울리며 어딜 봐도 비자폐인처럼 보이려고 자폐 특성을 감추는 전략이다. 위장 연구는 아직 초기 단계지만, 위장에 영향을 미치는 다양한 요인을 세세히 설명하는 것도 있다. 이 내용은 다음 장에서 자세히 다룰 예정이다. 자폐에서 위장이라는 개념은 지난 몇 년간 사람들에게 서서히 알려졌다. 우리 자폐인들은 위장을 다룬 글을 처음 읽었을 때 자폐에 관한 모든 지식은 물론이고 어쩌면 그동안 쌓아온 자아상까지 뿌리째 흔들리는 충격적인 순간을 맞이한 것 같다. 여러분에게는 아마 이 책이 그런 순간을 안겨줄 것이다.

나는 스물셋이라는 꽤 늦은 나이에 자폐 진단을 받은 이유가 궁금해서 여성 자폐를 주제로 나온 책을 읽다가 위장을 처음으로 알게 됐다. 오랫동안 정신의학과를 들락날락했지만, 어디부터 문제가 시작된 건지 알 수 없었고 자폐에 관한 지식도 자폐라는 자각도 없었다. 어째서 어떻게 자폐라는 사실을 놓쳤는지 알아야 했다. 내가 어땠길래 지금껏 학교 선생님, 정신과 의사, 심리학자까지 단 한 명도 내가 자폐일 거라고 생각조차 안 했던 걸까? 징후가 없지는 않았다. 나는 어린 시절에 음식을 먹을 때의 느낌을 지독히도 싫어했고 특정 상황에서 말 한마디 없이 엄청나게 불안에 떨다 결국 스트레스를 이기지 못하고 열네 살에 학교를 그만뒀다. 사실 공부도 잘했고, 친구들도 많고, (누구에게 묻느냐에 따라) 남을 웃길 줄도 아는 학생이었다. 그러나 그동안 고통을 드러내 놓고 난리를 치는 대신 혼자 조용히 삭이고 있었다.

2012년, 나는 자폐 진단을 받기까지 모든 성인 자폐인처럼 불행히도 대기 명단에 올라 1년간 진료받을 날을 기다리다 리앤 홀리데이 윌리Liane Holliday Willey의 자서전 『아스퍼거 증후군이 아닌 척하다』(2014, 시그마프레스)를 읽었다. 교육학 박사인 저자는 서른다섯에 자폐 진단을 받았다. 이후 활발히 집필 활동을 하며 다양성과 자폐를 알리는 데 힘썼다. 내 경험과 어찌나 비슷한지 놀라웠다. 저자 역시 자신도 모르게 지나칠 정도로 남을 따라 한 탓에 남의 성격까지 닮고 말았다고 한다.[4] 그때 깨달았다. 나는 여태껏 남과 '어울리고' 남처럼 되려고 노력했다는 것을. 스스로 '정상'이라고 느껴본 적이 전혀 없던 터라 친구, 가족은 물론이고 텔레비전과 책 속에 등장하는 인물이 어떤 행동을 하는지 주의 깊게 살펴봤고, 조금씩 내 행동을 바꿔나가며 그들을 따라 했다. 잠시 딴 데로 시선을 돌릴 수 있을 때까지 혼자 초를 세면서 두 눈에 쏟아지는 상대의 강렬한 시선을 견디며 눈을 맞추는 법을 익혔다. 말에 높낮이를 더하고 그에 어울리는 자연스러운 제스처도 배웠다. 쓸 만한 문구 몇 개, 대화거리, 적절한 반응까지 알아뒀다. 지금껏 내 관심사는 온통 사람이었다. 별, 행성, 우주의 탄생과 움직임을 이해하는 데 몰두하는 천문학자처럼 남들이 살아가는 모습에 절로 눈길이 갔던 것이다.

토머스는 쉰아홉이 돼서야 자폐 진단을 받았다. 진단 소식에 기뻤던 것도 잠시, 너무 당황스러웠다. "자폐여도 제대로 진단받아 좋았지만, 사기꾼이 된 기분"이었다며 당시 느꼈던 쓰라림을 전했다. 3년이 지난 지금도 치료를 받는 그는 어린 시절을 떠올리며 "세상은 베일에 싸인 것투성이였고, 무슨 일이 벌어지는지 알 수가 없었다"고 했다. 그리고 위장 경험담을 덧붙였다. "아주 어렸을 때부터 위장했던 것 같긴 하지만, 자폐라는 사실을 몰랐기 때문에 '자폐 특성을 감추려고 했다'고 할 수는 없습니다. 제가 그저 다르고 불편한 존재라고 생각해서 이목을 끌지 않으려 최선을 다해 주위 사람들과 똑같이 행동하려고 했지요."

　토머스는 내게 보낸 이메일에서 눈에 띄거나 튀지 않으려 위장했다고 밝혔다. 그는 "사람들 앞에 새하얀 도화지처럼 있으면, 남이 원하는 그림만 입혀질 것"이라고 생각한다. 그런 식으로 나섰다가 큰 피해를 본 적도 있다. 당시 어떤 기분이 들었냐는 질문에 "잘 모르는 화목한 가정의 거실에 들어간" 불청객 같았다고 답했다. "사람들 사이에 끼어 가족 행사를 망치는 일 없이 똑같이 즐거운 시간을 보내지만, 식구는 아닌 것이다." 그는 사회적 압박을 견디려 술을 진탕 마시기 시작했고, 보드카 한 병을 곁에 두고 잠을 청하곤 했다.

　토머스는 나와 이메일로 간단히 대화를 나누다 30년도 더 전에 큰 영향을 받은 책 한 권을 소개했다. 미시마 유키오가 쓴 『가면의 고백』은 자신의 성적 지향성을 받아들인 한 소년의 이야기를 들려준다.[5] 이야기 속에서 주인공은 자신을 세상에 드러내기 위해 어떻게 거짓 인격을 만들고 내세웠는지 자세히 설명한다. 토머스는 이 책을 읽고 자신만의 '가면'을 더 분명히 의식하게 됐다.

오랫동안 위장과 함께한 우리 같은 사람들은 어렸을 때 남과 다르다는 생각에 '외계인이 아닐까' 싶어도 이유가 뭔지 콕 집어내지 못했을 것이다. 무의식중에 전략 삼아 위장을 시작할 수 있지만, 나이 먹고 아는 게 많아지면서 무엇을 어떻게 하고 있는지 깨닫는다. 다 자라고 나니 언제 어떻게 남을 따라 하고 위장해야 하는지까지 훤히 보인다. 그렇다. 위장은 깨닫지 못한 순간에도 자연스레 시작되지만, 의식과 무의식 양쪽에 걸쳐 있다. 자신도 위장하고 있다고 밝히는 사람들이 없었다면, 남의 경험담을 듣고 위장을 속속들이 알 기회가 없었다면, 나 역시 위장 중이라는 사실을 못 알아차렸을지 모른다. 이제야 자폐를 이해할 새로운 시대가 막 열린 것이다. 자폐인들은 그간 들키지 않고 용케 살아남으려 위장했다는 사실을 깨닫고 있으며, 학계에서는 위장의 영향을 탐구하기 시작했다. 그 연구 내용은 다음 장에서 자세히 살펴볼 것이다.

우선 나는 모든 인간이 어떻게 주변 사람들과 사회적으로 어울리도록 진화했는지, 그게 왜 생존에 필수가 됐는지 이야기하고 싶다. 자폐인들은 비자폐인과 비교해 자신을 '외계인'이라고 생각하기 쉽다. 사실 공통점이 많은데 말이다. 위장이라는 게 자폐인들이 품을 들여 펼치는 고유한 전략이라고 볼 수 있지만, 비자폐인 역시 살면서 어느 땐가 자신을 감추는 법을 배웠을 것이다.

살아남기 위한 어울림

우리는 좋든 싫든 놀랍도록 사회적인 생물 종으로 태어났다. 우리 인간의 생존은 남과 유대를 맺는 능력에 달렸다. 인간의 강점이 개별 능력에 있는 게 아니라 집단 지성에 있기 때문이다. 우리는 혼자서 사자 한 마리 정도의 힘도 낼 수 없지만, 집단으로 뭉치면 사자 때문에 목숨을 잃는 일을 피할뿐더러 힘을 합쳐 사자 무리 전체를 소탕할 수 있다.

유발 노아 하라리는 인류의 역사를 다룬 저서 『사피엔스』(2015, 김영사)에서 아주 옛날에 인간이 상상력을 가지고 어떻게 먹이 사슬 꼭대기에 올랐는지 설명한다.[6] 상상력에서 사회 구조가 태어났다. 우리는 그물과 창을 들고 모여 다 함께 사자 한 마리를 능가할 수 있는 미래는 물론이고 집단 속에서 서로가 어떤 관계일지 상상할 수 있다. 게다가 성공적으로 힘을 합치는 것까지 가능하다. 예를 들어, 같은 집단에 있는 사람들은 내게 창을 던질 수 있는 강인한 팔이 있기를 기대할 것이며 내가 너무 게을러서 함께 사냥을 나설 수 없을 정도로 늦잠을 잔다면 썩 마음에 들어 하지 않을 거로 생각해 볼 수 있다. 실수해서 부끄러워할 때 아마 그들은 내 실수를 두고 입방아를 찧을 것이다. 호감을 사지 못하면, 결국 '종족'으로부터 외면당해 살아남기 어려워지게 된다. 혼자서는 사자 한 마리를 무찌를 수 없기 때문이다.

위장을 다룬다더니 왜 사자를 사냥하는 얘기만 늘어놓고 있는 거냐고? 사회적 위장이 자폐의 부정적 산물이 아니라는 사실을 일깨워 주기 때문이다. 우리 인간은 지구에 등장하면서부터 남을 모방하고 남의 기대를 저버리지 않으려 했다. 이런 욕구에서 탄생한 위장은 우리가 살아남는 데 꼭 필요해서 발달한 도구다. 옛날 옛적 인간이 동굴을 집 삼아 야생에서 뛰어다니며 먹을 것을 사냥하던 시절에 처음 등장했을 테지만, 지금도 여전히 유용하다. 대신 이제는 악플러, 우리를 깔고 뭉개는 상사가 사자처럼 버티고 서 있다. 따라서 소속감을 느끼는 동시에 외면당하지 않는 게 어느 때보다도 중요하다.

내 몸 하나쯤은 혼자서도 잘 챙길 수 있는 세상이 됐지만, 폴 길버트Paul Gilbert 교수의 말처럼 '뇌'는 과거에서 벗어나지 못했다.[7] 자폐든 아니든 인간이 느끼는 가장 원초적인 두려움이 아직 그 안에 도사리고 있다. 그래서 우리는 여전히 거절과 그에 따른 외로움에 고통스러워한다. 어떻게 해야 이런 두려움이 현실에 펼쳐지지 않게 할 수 있을까? 우리는 남과

'어울려' 잘 지내는 법을 배운다. 남이 싫어할 만한 특성을 감추며 계속 위장한 채로 사회생활을 한다. 이번 장 후반부에서도 다시 말하겠지만, 자폐인이 남과 '어울리고' 비자폐인인 척하면서 다양한 상황에서 여러 집단에 호감을 살 정도로 위장하려면 엄청나게 노력해야 한다. 그러나 끊임없이 미묘하게, 때로는 노골적으로 다가오는 남들의 삐딱한 시선과 마주하기 일쑤다. 그러다 보니 곁에 아무도 없어 사자를 물리칠 수 없는 상황에 자주 빠지게 된다.

어떻게 가면을 벗어 던질지 생각하기 전에 우리 모두 아주 어렸을 때 습득하는 최초의 사회적 기술부터 살펴보며 밑바탕에 깔린 기제를 이해해야 한다. 주인공인 모방 기술을 살펴보자.

본 대로 배운다

1896년에 스위스에서 태어난 심리학자이자 발달 심리학의 아버지라 불리는 장 피아제는 '발달 단계Developmental stage'라는 개념을 제시했다.[8] 그는 지능 검사 점수를 매기다 성인과 달리 아동에게서만 관찰되는 실수를 발견했다. 연령별로 특정 학습이 이루어진다는 것을 보여준 사건이었다. 피아제는 당장 앞에 존재하지 않는 상황, 행동, 사람들을 상상하는 것, 즉 상징적으로 행동하기 위해 모방하는 단계가 있다고 주장했다. 모방을 통해 유아는 처음 특정 행동을 배운 상황은 물론이고 새로운 상황에서도 같은 행동을 하는 법을 터득하게 될 것이다.

모방은 행동 학습과 더불어 사회적 유대에도 꼭 필요하다. 신생아는 타고난 욕구대로 남의 행동을 모방할 때마다 긍정적인 사회관계를 형성한다.[9] 똑같이 혀를 내밀고 미소 지으면, 양육자의 마음엔 자부심과 사랑이 가득 차오른다. 사랑과 돌봄이라는 유대가 없으면, 아기는 방치당해 위험에 처할 수밖에 없다. 양육자가 끈끈한 정을 느낀다면, 살아남을 확률이 증가한다.

인간이라면 다들 가지고 있는 모방이라는 내적 동기는 날 때부터 행동 모방Motor mimicking 형태로 드러나고 증명까지 되지만,[10] 잘 알려진 발달 학습 형태는 대체로 18~24개월 정도로 조금 더 자란 유아에게서 찾아볼 수 있다. 이때 모방의 중요한 특성이 발달한다. 유아는 남들이 자신을 바라보는 방식을 이해할 수 있게 된다. 그 결과, 남들의 인식과 믿음이 자신과 어떻게 다를 수 있는지도 파악하기 시작한다.[11] 자폐 분야에서는 여러 해 동안 논쟁의 대상이었으나, 심리학에서는 이를 '마음 이론Theory of Mind'이라고 한다. 나중에 자세히 살펴보고, 지금은 모방을 포함한 초기 발달 단계의 장점이 무엇인지 알아두도록 하자. 학습할 때 모방을 이용하면 가상 상황을 상상할 수 있어 덕분에 어려운 활동을 대비할 수 있다. 그러나 저지를 법한 실수를 모두 생각해 보느라 뜬눈으로 밤을 지새울 수도 있다!

남의 생각이나 감정을 그들의 관점에서 이해하는 조망 수용Perspective taking 기술을 키우면, 대화 상대를 더 잘 이해할 수 있어 긍정적인 감정을 품게 된다.[12] 사교 활동이라고 하면 불안감에 휩싸이는 사람도 있지만, 대체로 대화 상대와 잘 통한다고 느꼈던 때를 떠올릴 것이다. 친한 친구나 연인처럼 자신을 있는 그대로 이해하고 사랑해 주며 그런 감정을 서로 주고받을 누군가를 만났던 바로 그 순간 말이다. 그럴 때면 황홀한 기분에 젖어 들 수도 있다. 실제로 사회적 성과를 '끌어낼' 때마다 들뜨고 주변 사람에게까지 퍼지는 전율을 느낄 수 있다. 비자폐인에게 당연한 그 감정을 자폐인들은 쟁취해야 하며, 안타깝게도 대체로 아예 못 느껴봤거나 몇 번 느낀 게 전부다.

조망 수용과 상징 도식이 발달하면 자기 인식을 키워 자의식을 가진 존재가 되는 길로 곧장 들어선다.[13] 그리고 유감스럽게도 당혹감과 수치심을 자주 느끼게 된다. 우리는 남을 모방하면서 중요 행동을 어떻게 하는지 익히고 우리가 누구인지, 남이 우리를 어떻게 보는지 파악해 왔다. 사회에서 뭔가 망쳤다는 생각에 머리를 탈탈 털어 기억을 지워내고 싶을 정도로 부끄럽고 쥐구멍에라도 숨고 싶은 기분이 드는 당황스러운 상황을 경험조차 하지 않을 사람은 몇 없을 것이다. 많은 사람이 이런 감정은 물론이고 사회적으로 무례하게 굴거나 뭔가를 '망치는' 일을 피하려고 남을 모방하는 법을 배워 '사회적으로 수용되는' 행동을 하고 싶어 한다. 물론, 의식적으로 일어나지는 않는다. 모방은 인지될 때도 있지만, 대체로 마음속에서 '은밀히' 일어난다.

카멜레온

차트랜드Chartrand와 바그Bargh는 무의식 속에서 일어나는 이런 사회적 모방을 '카멜레온 효과Chameleon Effect'라고 했다.[14] 그들은 연구를 거듭하며 사람들이 과제를 함께하는 사람들의 행동을 무의식적으로 따라 하는 것을 목격했다. 그리고 자신을 모방하는 사람을 보면 호감이 증가한다는 사실을 파악했다. '카멜레온 효과'는 실험참가자들이 인공지능AI 파트너와 테스트를 받는 연구에서도 관찰될 정도로 강력하다.[15] 모방은 사람들 사이를 자석처럼 끌어당겨 유대감을 샘솟게

한다. 그래서 남과 어울리고 호감을 사고 싶다는 욕구가 뿌리 깊게 자리한 나머지 의미 없는 행동까지 모방하는 일이 벌어지기도 한다. 여러 연구에 따르면 퍼즐 상자에서 보상받는 방법을 알려주던 담당자가 별 의미 없이 상자를 세 번 두드리자 그 모습을 보던 아동과 성인 모두 보상에 필요한 행동과 함께 상자를 두드리는 것까지 따라 했다.[16] 이유가 뭘까? 행동을 완수하는 건 물론이고 실험 담당자와 같은 다른 사람과의 사회적 유대를 끈끈히 하려고 모방하기 때문이다. 성장 중에는 남을 모방하는 능력이 복잡하게 발전해 나간다. 물건을 사용하는 방식에 그치지 않고 패션 감각, 제스처, 버릇 등 많은 것을 복제한다.[17]

물론 다들 그런 건 아닐 테고 남을 모방하는 수준 역시 저마다 다르다. 차트랜드와 바그는 공감 능력이 높을수록, 즉 남의 감정을 더 잘 이해하고 공유할수록 '카멜레온 효과'가 더욱 분명히 드러나는 경향성을 발견했다.[18] 독립적이면, 남과 교류하려 들지 않아서인지 모방 행동이 적다.[19] 분위기에 맞추려다 보면 모방 행동이 늘기 마련인데, 비자페인만 봐도 자기 모니터링Self-monitoring 수준이 높은 사람들은 주변 상황에 따라 자기 행동과 생각을 조절하고 더 많이 모방한다.[20] 또한, 사회적 대본을 가지고 행동을 미리 계획하기 위해 명확히 정의된 상황을 선호한다.

모방과 자폐인의 위장

이번 장을 시작하고 지금껏 비자폐인을 대상으로 한 연구만 소개했지만, 그중 상당수를 자폐인의 위장 행동과 비교해 볼 수 있다. 목표는 같다. 위장은 사회에 녹아들어 주변 사람들의 기분을 해치지 않기 위한 행동이다. 나이가 들면서 점차 의식하게 되지만, 대개 무의식적으로 일어나는 편이다. 또한, 남의 패션 감각, 제스처, 버릇을 모방하고 사회적 대본을 미리 준비한다는 공통 특징을 보인다. 호주의 심리학자 토니 애트우드Tony Attwood는 저서 『아스퍼거 증후군』(2010, 시그마 프레스)에서 자폐 아동이 가만히 남의 행동을 관찰하고 나서 실제로 해볼 만큼 자신감이 충분히 붙기 전까지 혼자서 연습하는 방식을 보여준다.[21] 이때 주로 제스처, 어조, 버릇을 모방한다. 자폐인이자 독자적으로 활동하는 자폐 전문가인 세라 헨드릭스Sarah Hendricks는 여성과 소녀 그리고 자폐 스펙트럼을 다룬 저서에서 자폐 여성이 어떻게 어렸을 땐 '꼬마 심리학자' 같고 커서는 사회적 행동을 분석하고 모방하는 전문가가 되는지 이야기한다.[22]

> 최근에 자폐 진단을 받은 레이철은 이유야 많지만, 너무 오랫동안 위장해서 이제는 어떻게 멈춰야 할

지 모르겠다고 고백했다. "이제 위장이 어디까지고 '진짜' 자아가 어디서부터 튀어나오는지 잘 모르겠어요." 언제 처음으로 위장을 시작한 것 같냐는 질문에 이메일로 내게 경험담을 들려준 다른 사람들처럼 정확히 짚어내지 못했다. 그러다 어렸을 때 겪었던 일 하나를 갑자기 떠올렸다. 레이철은 이렇게 기억했다. 어렸을 때 "손을 가슴이나 허리께로 올리고 앞으로 쭉 뻗은 채 걸었지만, 어느 날 남들은 안 그런다는 걸 발견하곤 의식적으로 손을 올리지 않으려고 노력하기 시작했어요".

레이철은 무엇보다도 "남들과 비슷해지려고" 위장했다. 다른 아이들이 자신의 버릇을 놀리자 친구를 사귀려 애썼다. "특이한 것 같다"는 말도 들었지만, 친구들을 모방한 덕에 외톨이 신세만은 면할 수 있었다. 성인이 되고 나서도 "특이하다"거나 "어린애 같다"는 인상을 주지 않으려면 주변 사람들과 어울려야겠다는 압박을 느낀다. 이메일로 내게 이런 말도 했다. "저는 자폐인으로서 편하게 자신을 드러내야 한다고 생각해요. 그러나 예상과 다르게 행동하면 얕보일까 봐 두려워요." 이 두려움은 특히 직장과 연관돼 있었다. 직장 동료들과 어울리지 않으면 일을 못 하는 사람처럼 보일 것 같다고 생각하기 때문이다.

레이철은 위장을 좀처럼 믿을 수 없는 주변 사람에 조금이라도 덜 휘둘릴 수 있게 도와주는 안전장치라고 생각한다. 그러나 위장하느라 지쳐간다. "진이 빠지고 어지럽다"고까지 말했다. 매일 온종일 가면을 써야 하는 압박감이 너무 심해 근무 시간을 줄여야만 했다. "상황에 따라 접시 여러 개를 떨어뜨리지 않고 빙글빙글 돌리기 위해 한눈팔지 않고 집중해야 할 것만 같은 기분이 들 때가 있어요. 일이 쉽게 저절로 흘러가면, 정신을 똑바로 차려야겠다는 생각에 몸도 바짝 긴장이 돼요." 게다가 남들 앞에서 가면을 써서 다른 자폐인들을 실망시킨 것 같아 엄청난 죄책감을 느끼고, 자신을 있는 그대로 품어줄 수 있는 사람들에게까지 담을 쌓는다.

자폐인에게는 남의 관점을 이해하는 공감 능력이 부족하다는 속설이 꽤 오랫동안 이어져 내려왔다. 역사적으로도 항상 자폐는 사회 모방 기술과 마음 이론이 부족한 유아에게서 나타나는 질환이었다. 그 탓에 위장하는 많은 자폐인이 자폐를 인지하지 못하고 어렸을 때 진단을 받지 못한다. 우리 자폐인은 다들 "자폐가 있는 것처럼 보이지 않는다"는 말을 들어본 적이 있다. 게다가 남의 감정을 너무 잘 이해하거나 친구들이 너무 많아서 자폐일 리 없다는 말까지 들어봤을 것이다. 그러나 모방 능력과 같은 일차적인 사회적 능력이 자폐에 좌우되지 않는다는 주장이 오래전부터 있었다. 이 크나큰 반전에다가 자폐인들이 지나칠 정도로 공감할 수 있다는 증거까지 드러나 모방의 '정상' 발달을 다룬 이전 이론에 크게 의문이 드는 상황이다. 2014년, 심리학자 제프리 버드Geoffrey Bird와 에시 비딩Essi Viding은 공감모형Model of empathy을 발표하며 사람마다 공유되는 감정을 조절하는 데 도움이 되는 '자기-타인' 스위치를 가지고 있다고 주장했다.[23] 남이 고통스러워하는 모습을 보고 돕기 힘들 정도로 동정심에 휩싸이느니 스위치를 조작해 나 자신으로 돌아와 그 고통이 어떤 느낌인지 공감할 수 있어야 한다. 버드와 비딩에 따르면 자폐인은 자신과 타인의 감정 사이를 왔다 갔다 하는 게 어렵다 보니 남에게 감정 이입까지 해서 차라리 스위치를 꺼 남의 입장이 될 여지 자체를 없애야 할 수도 있다. 이 이론은 지금껏 설명했던 것보다 훨씬 복잡하지만, 속설 때문에 자폐에 찍힌 낙인을 객관적으로 보는 데 확실히 도움이 된다.

점점 더 흥미로운 반전이 등장하는 가운데, 자폐 전문 심리학자 데이미언 밀턴Damien Milton은 사실 자폐인에게 마음 이론과 공감 능력이 부족하다기보다는 자폐인과 비자폐인 사이에 '상호 공감 문제Double empathy problem'가 있다고 주장했다.[24] 자폐인과 비자폐인 모두 사회적 통찰이 부족하며 서로의 문화를 잘 모를 수 있다는 것이다. 아마 그간 비자폐인보다 자폐인이 상대를 이해하기 위해 노력을 더 기울였다 해도 틀리지 않을 것이다. 조심스레 내 얘기를 해보자면, 나는 살면서 적어도 30년 동안 주변 사람들을 살피며 연구했고, 10년 동안은 치료를 받았고, 비자폐인들이 사는 주위 세상을 더 잘 이해하려 심리학 박사 과정을 시작했다. 한편, 전에 몸담았던 직장에서는 자폐인과 함께 일 잘하는 방법을 주제로 한 시간 동안 웹 세미나에 참여해 달라고 사람들을 설득하느라 진땀을 뺐다.

주제에서 약간 벗어난 듯싶은 것도 있지만, 남을 모방하려는 우리의 타고난 욕구와 자폐 여부에 상관없이 모방이 발전해 나가는 방식을 이해하는 게 위장 이해의 핵심이다. 앞서 말했듯 위장은 남의 행동을 따라 하는 행위를 포함하지만, 주변에 녹아들어야 한다는 뿌리 깊은 심리적 욕구 때문에 일어나기도 하며, 끊임없이 찾아드는 불편한 자의식이 여기에 기름을 끼얹는다.

- 인간은 모두 (신체적, 심리적) 생존을 보장받기 위해 어렸을 때부터 남의 행동을 따라 하고 주변 사람들과 어울리는 법을 학습하려고 한다.
- 타인의 행동과 행위를 복제하는 것은 사회에서 유대를 강화하는 '자석' 역할을 할 수 있다.
- 남과 못 어울리면 수치심을 느끼거나 외면당했다고 생각할 수 있다.
- 자폐인의 위장과 모든 인간의 모방 학습 방식은 매우 비슷하다.
- 위장에는 다른 요소가 관여할 수 있고, 주로 자폐인들이 품을 들여 펼치는 고유 전략으로 볼 수 있다.

위장을 하게 만드는 것들

2

· 이번 장 미리 보기 ·

자폐인의 위장이 정확히 무엇이며
누가 위장을 더 많이 하는지 살펴보고
그 영향까지 밝힐 것이다.

주요 용어

보상 Compensation

자폐 결핍 보상을 포함하는 위장의 한 형태

표현형 Phenotype

행동처럼 관찰할 수 있는 개인의 특성

집행 기능 Executive function

행동과 행위를 통제하기 위해 사용하는 정신적 기술

상동행동 Stimming

스스로 진정하기 위해 반복하는 신체 움직임

CAT-Q

위장 수준을 스스로 평가할 때 사용하는 자폐 특성 위장 설문Camouflaging
Autistic Traits Questionnaire

1장에서는 다들 어떻게 남을 모방하는 능력을 키우는지 살펴보며 위장을 설명하려 했지만, 자폐 위장에는 모방 하나만 있는 게 아니다. 인간이라면 어느 시점엔가 남의 행동을 따라 하는 법을 배울 테지만, 그런 행동은 대체로 부정적인 영향을 미치지 않고 청소년기를 지나면서 잦아든다. 그러나 우리 자폐인은 다 자라고 나서도 사회 환경에 잘 적응하는 법을 배워야겠다는 압박을 느낄 것이다. 연구에 따르면 자폐인이 비자폐인보다 위장 전략을 훨씬 많이 사용한다. 위장은 모든 인간이 발달시킨 공통 특성이라고 할 수도 있지만, 자폐인들에게 훨씬 광범위하게 내재된 전략이다.[25]

　최근, 자폐 전문가이자 자폐인 지지에 앞장서는 웬 로슨 Wenn Lawson 박사는 이 행동에 '위장'이라는 용어를 사용하는 것에 의문을 제기하는 논문 한 편을 발표했다. 그는 위장처럼 일부러 속이고 '가면'을 쓴다는 인상을 주는 말보다 '적응성 변화'라는 말이 자폐인의 안전을 보장하는 비자발적이고도 중요한 행동을 포착하는 데 적절하다고 주장한다.[26] 많은 자폐 아동이 자폐 특성을 접한 타인의 부정적 반응을 보고 외부의 시선과 괴롭힘에서 자신을 보호하려 무의식적으로 자폐를 숨기는 전략을 개발한다. 이 책에서는 흔히 쓰이고 익숙한 '위장'이라는 말을 사용했다. 우리 자폐인 중 누구도 남을 속이려고 일부러 행동을 꾸며낸다고 의도한 게 아니며, 그런 오해를 사서 자폐인이 사회생활을 하며 겪은 트라우마를 최소화하고 싶은 마음은 더더욱 없다.

위장이란 무엇인가?

자폐인과 자폐 전문가 사이에서는 오랫동안 위장 특성이 알려져 있었지만, 이를 과학적으로 뒷받침하는 논문은 몇 없었다. 그러던 중 2017년에 처음으로 위장의 핵심 요소를 밝힌 합동 연구 결과가 발표됐다.[27] 연구 목적은 성인 자폐인 92명을 대상으로 위장 경험에 관해 인터뷰하면서 그들의 응답을 보고 핵심 특성을 밝히는 것이었다. 세 가지가 두드러졌다. 첫째, 남과 어울리고 통했으면 해서 위장하려는 동기. 둘째, 자폐 특성을 감추고 장애를 보상하는 등 비자폐인처럼 보이기 위한 전략 사용. 셋째, (나중에 자세히 살펴볼) 자기 정체성

소진과 위협 등 장단기적인 결과였다. 이 연구를 통해 간단하게 신뢰성 높은 위장 특성 측정 결과를 얻을 수 있는 자폐 특성 위장 설문(CAT-Q)이 탄생했다.[28] 여러분은 다음 장에서 실제로 이 설문지를 작성해 보고 자신의 위장을 보다 명확히 파악할 수 있을 것이다.

나오미는 오랫동안 자기가 자폐라고 생각했고 서른세 살에 공식 진단을 받았다. 위장을 밥 먹듯 했고 점점 거기에 잠식된다는 느낌이 들었다. 왜 위장하느냐는 질문에 거부당할 거라는 극심한 두려움과 이후에 느낄 우울함 속에 "호감을 사고 싶은 너무나 강력한 욕구"가 있다고 했다. 이렇게도 말했다. "'자폐 특성을 보이며' 저 자신에 가깝게 행동할 때, 꺼림칙하다는 듯 반응한 사람이 없다고는 못 하겠네요. 기억하지 못하는 것도 숱하지만, 거절당했을 때 기억이 너무 선명해요. 위장은 끔찍해요. (즐겁게) 저 자신을 내보이고 싶지만, 그랬을 때 거절당하고 고통받을 걸 생각하면 못 버틸 것 같아요."

나오미는 위장이 남의 가혹한 잣대를 피할 수 있는 안전장치라고 생각한다. 그러나 장기적으로 자존감에 영향을 받고, 안전하다는 느낌을 받는 동시에 언제든지 가면이 벗겨질지 모른다는 불안감에 한층 더 가까워진다. 나오미는 "열린 수문으로 세차게 쏟아지는 물처럼 엄청난 수치심에 휩싸이는 순간"이 어떤지 전했다. '가면이 벗겨지는' 그 무시무시한 순간을 경험하고 나면 울음을 터뜨리고 급기야 자해까지 할 수 있다.

위장 역시 자폐 특성처럼 스펙트럼으로 생각해 볼 수 있다. 다음 표를 보면, CAT-Q에서 제시하는 위장 요소에 관한 설명과 각 요소에 해당하는 보다 실질적인 사례를 알 수 있다. 물론 표에 나온 건 하나의 예시일 뿐이고 그 밖에 각 요소에 잘 맞는 다른 상황도 떠올려 볼 수 있다. 여러분과 달리 남들이 지나칠 정도로 많이 하는 행동까지 발견할 수 있다. 킹스칼리지 런던 소속 연구원 루시 리빙스턴Lucy Livingston 박사와 프란체스카 하페Francesca Happé 교수는 이런 다양한 특성이 사람마다 어떻게 크게 차이를 보일 수 있는지 설명했다.[29] 장애 보상 행위만 봐도 깊이가 다를 수 있다. 자폐인 중에는 농담 속에 숨어 있는 의미를 이해하려고 하다가 이상한 타이밍에 웃게 되는 사람이 있다. 이 상황을 보상하기 위해 농담이 끝나면 항상 웃는 법을 배우는 식으로 얕게 접근하기도 하고, 농담의 원리를 파악하고 웃긴 이유를 이해해 웃어야 할 때를 아는 경지에 이르는 등 깊게 접근할 수도 있다. 여러분의 얕은 보상이 남들에게는 깊은 보상일지 모른다. 또한 상황, 기분, 에너지에 따라 보상 수준이 달라지기도 한다.

오랫동안 나는 사회적 상황에서 사람들과 눈을 잘 못 맞추는 것을 보상하려고 눈을 맞추는 동안 초를 세는 법을 배우고 있다는 사실을 깨달았다. 이건 '얕은 보상'이다. 어려움을 극복할 방안을 찾지 않고 과정이 어찌 됐든 결과만 좋으면 되는 식이었기 때문이다. 그러나 때론 깊이 접근하지 않고는 기존 틀을 깰 수 없다. 나는 대화할 때 눈을 맞춰야 한다는 부담이 없어야 적절히 집중하며 자연스레 반응할 수 있었다. 반면, 나도 모르게 수년간 사람들의 말과 표정 속에 숨은 여러 의도와 감정을 파악하고, 둘이 어떻게 조합되며 상황에 따라 어떤 식으로 변하는지 알아내려 했다. '깊은 보상'이다. 나는 감정과 표정의 조합 방식과 그에 따른 올바른 반응을 익혔고, 미묘한 차이까지 배워 해석을 잘못해 부적절한 반응을 보이는 실수를 덜 할 수 있었다. 수학 공식 같다. 언젠가는 자연스레 받아들이겠지만, 사회에서 마주하는 모든 상황에서 남의 말과 표정에 담긴 의도가 뭔지 끊임없이 익히고 그에 대응하는 연습을 하는 건 정말 피곤한 일이다.

위장 특성

특성	설명	예시
마스킹	비자폐인처럼 보이려고 자폐 특성을 감추는 것	상호작용 중 표정, 눈 맞춤, 자세, 어조 관찰 (예: 말에 높낮이 주기, 남에게 관심 있는 척하기, 시선 돌리지 않기, 남들과 비슷하게 행동하기)
보상	사회생활을 어렵게 만드는 자폐 특성을 다른 요소로 보완하는 것	남의 행동을 관찰하며 사회적 상황에서 행동하는 법 학습 (예: 친구, 텔레비전 속 유명 인사, 소설 등장인물을 관찰하며 특정 상황에서 어떻게 행동하는지 알아내기)
		머릿속으로 미리 사회적 상황 연습 (예: 혼자서―거울 앞에 서서― 시나리오를 상상하며 어떻게 행동하고 반응할지 생각하기)
		사회에서 특정 상황이 어떻게 펼쳐지는지 조사 (예: 자기 얘기를 지나치게 늘어놓지 말아야 할 때와 같이 다양한 사회적 맥락에 적용되는 특정 규칙 알아두기)

동화	남들과 어울리려 노력하는 것	남들과 교류하기 위해 노력해야겠다고 느낌 (예: 별로 내키지 않지만 남들과 자주 교류해야겠다고 생각하며 무리해서라도 남과 어울리기)
		남들과 교류할 때 연기한다고 느낌 (예: 진짜 나를 보여줄 수 없고 대화도 자연스럽지 않아 사회생활 할 때 쓸 대본을 연습해야겠다고 생각하기)
		사회생활에 도움이 필요하다고 느낌 (예: 곁에 친구나 동반자를 두고 그들의 다정한 말에 기대기)

위장은 모르는 새 일어나며 오랜 연습과 시행착오가 필요한 균형 잡기다. 네 살 때, 우리 모두 어느 날 아침에 갑자기 손을 덜 움직이고 표정을 더 많이 따라 하면 친구들과 더 잘 어울릴 수 있겠다고 생각하지는 않았다. 그러나 이 책을 읽고 나면 아마 위장 행동이 눈에 더 들어올 것이다. 괜찮다. 나 자신을 잘 알고 위장이 어떤 상황에서 도움이 될지 판단할 수 있어야 통제력을 되찾을 수 있기 때문이다.

자폐인들은 왜 위장할까?

자폐인들이 위장하는 이유는 하나만 있는 게 아니다. 연구에 따르면 위장을 쉽게 하도록 돕는 다양한 능력, 기술, 속성이 있다. 게다가 다양한 사회적 요인이 촉매로 작용하기도 한다. 그림 2.1에 나온 일부 요인을 보고 내게 해당하는 것에 색칠해 보자.

—

성별

—

원래 자폐에서 위장이라는 개념은 자폐 스펙트럼 질환(ASC)의 '여성 표현형Female phenotype'으로 여겨졌다.[30] 자폐 여성의 특성이 자폐 남성에게서 볼 수 있는 일반적인 모습과 다르다는 말이다. 핵심 특성이 다르다는 게 아니라 특성이 드러나는 방식을 따지는 것이다. 예를 들어 자폐 여아가 속으로 끙끙 앓으며 불안해하고 말수가 없어지는 반면, 자폐 남아는 자신의 투쟁을 온 세상 사람들에게 보여주며 지나치게 활발하고 자기주장이 강하다.[31] 또한 자폐 여아보다 제한적 반복 행동을 더 많이 보이는 편이다.[32] 그래서 학교 선생님, 부모님, 의료진이 남자아이들의 자폐 징후를 훨씬 쉽게 관찰할

그림 2.1 위장을 부추기는 요인

수 있다. 이런 특성은 여성의 자폐 진단이 늦은 이유에 관한 주요 이론 중 하나이기도 하다.[33]

　여성들이 위장하고 있기 때문에 자폐 특성이 덜 드러난다는 말이다. CAT-Q 점수를 보면, 이 주장이 사실인 것 같다. CAT-Q 평가 결과를 다룬 한 연구에 따르면 총점 175점 중 자폐 남성이 평균 110점인데 비해 자폐 여성은 124점을 기록했다(비자폐 여성의 평균 점수는 91점, 비자폐 남성은 평균 97점이다).[34] 학생들을 대상으로 실시한 일부 연구에 따르면 자폐 여아가 자폐 남아보다 친구들과 더 잘 지내고[35] 협동 활동에 더 많이 참여한다.[36] 두 활동 모두 여자아이들이 사회적 성과를 높이려고 위장한다는 사실을 보여준다.

여자아이들은 왜 위장을 더 많이 하는 걸까? 어떤 사람들은 여성이 위장하기 좋은 정신 능력을 타고나는 게 아닐까 생각한다. 나중에 더 자세히 다루겠지만, 여기서 말하는 정신 능력이란 사회적 대본을 잘 기억하고 '바람직하지 않은' 행동을 억제하는 것으로 볼 수 있다.[37] 자폐 여성의 강화된 위장을 설명할 수 있는 또 다른 주요 원인은 남아와 여아의 사회화 방식이다. 사회는 우리의 성 규범Gender norm, 즉 사회에서 생각하는 '남자다움'과 '여자다움'이 무엇인지 좌우한다. 그간 서양 문화에서는 성 규범의 영향으로 남성이 공격적, 지배적, 독립적이라는 고정관념이 생겼다. 반면 여성은 대체로 상냥하고, 동정심 있고, 부끄러워하며, 남의 시선에 민감하고, 연민을 느낀다는 편견이 있다.[38] 페미니즘 운동으로 인해 기존과 다른 성 구조가 있을 수 있다는 인식이 퍼지고 있지만, 아직 우리 사회에는 기존 성 규범의 뿌리가 깊다.[39] 따라서 사회에서 성 규범을 학습하고 행동에 영향을 받는 일반

대중처럼 자폐 아동 역시 성 규범을 경험하며 자폐 행동을 어떻게 내보일지 결정하게 된다. 같은 이유로 자폐 여성이 사회에 녹아들어 자신을 드러내지 않고 남들에 더 공감하려 한다고 볼 수도 있다. 이런 사회에서 부모는 딸에게 압박을 가하며 사회에서 여성에게 기대하는 대로 행동하라고 강요하기 쉽다. 여성들은 어렸을 때 잠시도 가만있지 않고, 시끄럽게 조잘대고, 다리를 쩍 벌려 앉고, 펑퍼짐한 옷을 입는다는 이유로 '여자애가 그게 뭐니?'라는 말을 꽤 많이 들었을 것이다. 나는 어렸을 때 까끌까끌한 원피스에 타이츠 차림으로 친구 생일 파티에 가야만 했고 그때의 끔찍했던 기억이 아직도 생생하다. 누군가의 손에 이끌려 집에 가거나 편한 '남자애' 옷을 입기 전까지 눈물을 뚝뚝 흘리곤 했다. 어른이 되고 나서도 옷장 한편에는 즐겨 입는 운동복, 청바지, 큼지막한 티셔츠와 후드티를 걸었고, 나머지 공간에는 '외출용'이자 사회에서 생각하는 여성성에 딱 맞는 원피스 몇 벌에 꼭 맞는 바지와 블라우스를 걸어 놨다. 한쪽 귀퉁이에 걸린 여성스러운 옷을 입을 때면 진짜 자아에서 너무나도 멀리 떨어진 기분이 들지만, 그럴 때만 칭찬을 들은 것 같다.

유감스럽게도 지금까지 자폐 연구는 성별을 지나치게 단순하게 바라보고 구분했다. 타당한 이유가 있긴 하다. 연구 자원이 제한적일 수 있고, 논바이너리와 같은 성별을 가진 자폐인을 충분히 많이 모집하기는 더 어렵다. 그러나 남성과 여성의 뇌가 다르고, 뇌에 따라 특정 행동과 능력이 결정될 수 있다는 생각을 지금껏 주장한 것에는 변명의 여지가 없다. 이런 생각은 사실이 아니다. 예전에는 자폐가 남성의 극단적인 정신 형태를 나타내는 '남성의 장애'로 여겨졌지만,[40] 알고 보면 생각보다 자폐 여성도 꽤 있다! 게다가 '소년' 취향을 가진 소녀, '소녀' 취향을 가진 소년도 있다.

자폐 여성이 '평균적으로' 더 많이 위장하는 것 같겠지만, 이는 위장하고 있는 많은 자폐 남성을 무시하는 처사다. 그 어떤 연구도 위장이 여성만의 특성이라고 주장하지 않는다. 실제로 한 연구에 따르면 일반 대중과 비교할 때 자폐 남성의 평균 위장 점수가 더 높았으며 (모집단이 적은 편이긴 했지만) 논바이너리 자폐인과 비교해도 같은 결과였다.[41] 설문지 항목 중 자폐에 따른 결핍을 보상하는 방식에 관해서는 마스킹 수준과 남과 어울리고 싶은 욕구의 차이가 있을 뿐 성별 차이는 없었다. 최근 일부 연구를 보면, 실제로 성별에 따라 위장 시도 횟수가 아니라 위장의 질에서 차이가 난다. 한 연구에 따르면 실험에 참여한 자폐 남녀 중 각각 89퍼센트, 91퍼센트가 위장을 시도하지만, 여성이 많은 장소에서 자주 오랫동안 위장한다.[42]

지금껏 알려진 위장 특성은 여성의 경험을 바탕으로 한다.

그림 2.1에서 위장을 부추기는 요인 중 하나로 여자로 태어난 것이 제시됐지만, 보다시피 위장은 더 복잡하고 여러 요인에 엮일 수 있다. 일부 자폐 여성이 어렸을 때 자폐 남성과 다른 어려움과 사회 경험을 마주한다는 증거가 점차 늘고 있는데, 이는 자폐 여아에게 위장을 권하는 환경을 만들 수 있다. 그러나 위장을 둘러싸고 그런 결론을 내리기 전에 이제는 '모든' 성별을 포함하는 훨씬 더 많은 연구가 필요하다.

—

기능, 능력, 기술

—

위장은 단순히 하나의 행동으로 볼 수 없다. 스위치를 눌러 불을 켰다 껐다 하듯 단번에 자폐를 감출 수 없다는 말이다. 앞서 소개한 여러 학자가 밝혀낸 위장 구성 요인에서 알 수 있듯 노력은 물론이고 다양한 기술까지 필요한 여러 특성과 행동의 집합체. 한 가지 행동만 전략으로 삼는 사람이 있을 테고, 여러 가지를 사용하는 사람도 있을 것이다. 위장이라는 전략을 사용하려면 그에 필요한 특정 기술과 능력을 익혀야 한다. 예를 들어 남의 행동을 보고 기억하는 능력이 없으면, 그 행동을 따라 할 수 없다. 미래를 계획할 줄 모르면 학습한 사회적 대본을 새로운 상황에 적용할 수 없고 낯선 상황과 변화에 유연하게 대처할 수 없다. 마찬가지로 무의식적인 행동을 억누를 수 없다면 손을 계속 움직이고 손가락으로 뭔가를 두드리는 상동행동을 숨길 수 없다. 이때 필요한 것이 바로 '집행 기능'이다. 집행 기능이란 우리의 행동과 행위를 통제하는 정신적 과정을 포괄하는 기술이며 주목, 억제, 기억, 유연성, 계획, 추론, 문제 해결 등으로 구성된다.

실제로 집행 기능은 어떤 모습을 하고 있을까? 내 일상을 통해 함께 알아보자. 일단 인정부터 하고 시작하겠다. 나는 아침에 일어나 나갈 준비를 하기까지 엄청나게 꾸물거리고 잠드는 데도 꽤 오래 걸린다. 두 가지 일을 거의 전문가 수준으로 미룬다. 서두르거나 미리 준비해야 할 때도 있지만, 그럴 때조차 계획한 일정보다 한 시간도 더 늦고야 만다. 항상 '정해진 준비 과정'을 지키려고 고집을 부려서기도 하지만, 무엇보다도 여러 활동을 계획하고 실행하는 게 어렵기 때문이다. 나는 할 일을 정하고 우선순위를 매길 필요가 있다. 즉, 다양한 활동을 무리 없이 하고 미리 계획을 세울 줄 알아야 한다는 말이다. 또한 무엇을 했으며 다음에 뭘 해야 할지 기억해야 한다. 그래서 도대체 어떻게 해야 가장 단순하고 자연스럽게 여러 가지 일을 이어나갈 수 있는지 너무 벅찰 때도 있다. 매일 해도 여전히 어렵다. 반면 과거 사건은 물론이고, 사람들이 어디서 어떤 옷을 입고 무슨 말을 했는지는 정말 잘 기억한다. 덕분에 특정한 사회적 상호작용과 상황에서 남들이 행동하는 방식을 상당히 잘 따라 할 수 있다.

1996년 미국의 심리학자이자 교수인 브루스 페닝턴Bruce Pennington과 샐리 오조노프Sally Ozonoff는 집행 기능 문제를 다룬 여러 논문을 검토한 후 자폐가 있거나 주의력결핍 과다행동장애(ADHD)를 앓는 사람들이 집행 기능 문제를 겪을 가능성이 훨씬 더 크다고 결론지었다.[43] 이후 학계에서는 집행 기능 이론을 자폐와 연관 지어 연구하며 연관성에 힘을 실었다.[44]

그러나 문제가 있다. 만약 위장이 집행 기능을 포함하고 자폐인의 집행 기능이 상대적으로 약하다면, 어떻게 위장은 자폐인만의 전략으로 자리 잡게 된 걸까? 어쩌면 그래서 자폐인들에게 위장이 그토록 힘든 일인지도 모르겠다. 남들에게는 '사소하기만 한' 상호작용을 경험하고 집으로 돌아와 하루가 저물 때까지, 아니 어쩌면 다음 날까지 아무것도 못 하고 뻗은 적이 많은가? 10대 시절, 내게 사교 활동은 일주일에 단 한 번이었다. 회복하는 데만 해도 나머지 6일이 필요하다는 것을 알았기 때문이다. 리빙스턴 박사의 연구를 살펴보면, 다른 데 쏟을 수도 있던 귀중한 에너지를 위장이 어떤 식으로 다 써버리는지 알 수 있다.[45] 실제로 자폐인을 대상으로 위장에 관해 설문한 여러 연구에 따르면 많은 응답자가 탈진과 같은 심각한 정서 상태를 겪는다고 밝혔다.[46, 47] 자폐 여부와 상관없이 인간이라면 모두 다양한 사회 상황 속에서 가면을 쓸 수 있지만, 자폐인은 정서적 자원을 훨씬 더 많이 소모하고 그만큼 큰 피해를 본다.

여기서 더 깊이 들어가면, 자폐인마다 문제를 겪는 집행 기능 분야가 다를 수 있다. 기억력이 나쁘다고 생각하는 사람이 있는가 하면, 사진을 찍은 듯 모든 것을 세세히 기억하는 사람도 있다. 기술과 결핍에서도 스펙트럼이 작용하는 것이다. 최근에는 위장 특성과 집행 기능이 서로 비례 관계를 보이는 것 같다는 연구가 여러 건 등장했다. 특히 집행 기능 평가에서 고득점을 올린 사람들이 결핍을 보상하는 능력이 더 좋은 것 같다. 기억하는지 모르겠지만, 결핍 보상은 앞서 살펴봤던 위장을 부추기는 요인 중 하나다.[48, 49]

집행 기능의 역할은 위장 사용에서 보이는 성별 차이를 설명하는 데 조금이나마 도움이 될 수 있다. 그런가 하면 자폐 여성이 자폐 남성보다 집행 기능 문제를 덜 겪는다는 연구 결과도 있다.[50, 51] 왜 그런지는 모른다. 어쩌면 성별에 따른 뇌의 차이 때문일 수도 있다. 실제로 자폐 여성의 위장이 소뇌 회백질과 긍정적인 상관관계가 있다는 연구 결과가 있다.[52] 두려워 말고 잠시 신경과학 세상을 얇게 훑어보자. 소뇌는 뒤통수 쪽에 있고 회백질과 백질에 싸여 있다. 회백질은 신경 세포 집단을 거의 모두 포함하며 뇌 전체에 걸친 신호 전달의 핵심이다. 그간 소뇌는 학습, 기억, 멀티태스킹, 억제와 같은 집행 기능에서 중요한 역할을 한다고 알려졌다.[53]

특정 정신 능력과 기술이 있으면 위장하기 한결 쉬운 것 같지만, 어떻게 그리고 왜 그런지는 아직 추측할 수밖에 없다. 지금까지 원인을 파악조차 하지 못했다. 예를 들어 집행 기능이 위장을 돕고 위장 역시 집행 기능을 실제로 해보며 키워나가는 데 힘을 실어줄 수 있다고 볼 수 있다. 무엇이 먼저인지 알 수는 없지만, 우리의 뇌는 매우 유연해서 항상 새로운 것을 발달시키고 학습할 수 있다. 따라서 집행 기능이 서툰 자폐인이 점차 다른 뇌 기능을 사용해 집행 문제를 보상할 방법을 찾아 위장할 수도 있는 것이다. 앞서 고백했듯 나는 아침에 나갈 준비를 하는 것도 집에 돌아와서 잠드는 것도 잘 못 하지만, 대응 기제Coping mechanism를 발달시킨 덕에 프로젝트 관리만큼은 정말 잘 해낸다. 수없이 많은 목록을 작성하고 때마다 떠올리며 큰 프로젝트를 단일 업무 단위로 쪼개면서 나 자신은 물론이고 동료들에게 지금까지 한 일과 다음 주에 해야 할 일을 정리한 주간 보고를 공유한다. 자폐인들을 보면 대체로 체계화 능력이 돋보인다.[54] 시스템을 분석하고 구조화하는 법을 이해한다는 의미다. 그래서 나는 모호한 것을 나만의 시스템으로 전환해야 삶을 한결 더 쉽게 헤쳐나간다.

다름 그리고 낙인 마주하기

—

이제 위장을 부추기는 마지막 주요 요인이자 중요한 사회적 동기인 '다름'을 살펴보자. 자폐인들은 자폐라는 이유로 여러모로 다른 존재가 되고, 그 다름이 사회에서 우리 인간이 어떤 존재가 될지 결정하는 핵심으로 작용한다. 사람들이 대체로 자기가 속한 집단에서도 작은 차이와 변화에 편협하게 구는 걸 생각해 보면, 자폐인이 낙인과 괴롭힘을 경험하는 건 안타깝지만 별로 놀랍지 않다. 미국의 사회학자 어빙 고프먼Erving Goffman의 저서 『자아연출의 사회학』(2016, 현암사)에 따르면, 모든 인간이 사회 상황을 남들 앞에서 적절히 연기하고 수치심을 피하는 무대로 생각하고 항해한다고 한다.[55] 그러나 자폐인에게는 이 '무대'가 네 배쯤 더 넓고 주위로 뜨거운 용암이 흐르는 곳으로 보일 것이다. 사회적 상호작용이 남의 요구를 맞추려 목숨 걸고 계속해서 안전지대 밖으로 뛰어야 하는 '도전! 용암 위를 건너라The Floor is Lava'라는 게임처럼 느껴질 수 있다. 여러 사회적 상황에 적절하게 대응하는 게 비자폐인에게 자전거 타는 법을 배우는 것 같다면, 우리 자폐인은 불타는 땅에서 언덕 위로 자전거를 타고 올라가는 법을 배우는 것 같다고 생각한다. 게다가 남들과 다른 사회적 모습 때문에 수치심과 낙인을 피하고 싶은 욕구를 훨씬 더 많이 품고 있다. 고프먼은 우리 모두에게 관객 없이 쉴 수 있는 '백스테이지'가 필요하다고 설명했다.[56] 그러나 문제는 '백스테이지'에서까지 연기해야 하는 사람들이 있다는 것이다. 이는 위장하는 자폐인이 사회적 무대 위에서 열연을 펼치는 비자폐인보다 훨씬 더 지치는 이유를 밝혀줄 중요한 사실일 수 있다. 우리 자폐인은 '백스테이지'도 없이 평생 비자폐인의 연기를 따라잡으려 한다.

나는 지금껏 살면서 당황스러운 일을 마주하거나 남들 눈에 '통제 불능'으로 비치는 게 가장 두려웠다. 여기서 통제 불능이란 남들을 불쾌하게 하거나 공황발작을 겪고 울고 화내거나 미묘하게 이상한 말을 하는 등 사회라는 무대에서 '삐끗'하는 것이다. 만약 누가 내 말이나 행동 때문에 기분이 상했다거나 뭔가 부적절했다고 말하거나 눈치를 주면, 나는 당혹감과 수치심에 큰 상처를 입는다. 정말 견딜 수 없어 아무리 오래전 일이라도 말과 행동 중 부적절하거나 이상해 보였던 건 사소한 거라도 여전히 문득 떠오른다. 이런 두려움과 자폐라는 다름을 안고 살아가는 건 정말 힘들다. 이러니 우리 자폐인이 그런 어려움을 피할 수 있는 반응을 개발하는 것이다. 자신을 위장하고 사소한 사고와 무례함을 피한다면, 견딜 수 없는 수치심까지도 겪지 않을 수 있다. 여러 연구에 따르면 자폐인 중 약 29퍼센트가 진료를 받아야 할 정도의 사회적 불안 장애를 겪고 있다.[57] 이는 꽤 많은 자폐인이 사회적 상황에서 단순히 부끄러운 게 아니라 몹시 두려워하고 있다는 것을 의미한다.

다 이유가 있다. 2002년에 게재된 한 연구 논문에 따르면 자폐 자녀를 둔 어머니 중 94퍼센트가 자녀가 또래 사이에서 괴롭힘을 당했다고 밝혔다.[58] 자폐 아동이 이전보다 훨씬 더 낮은 수준의 괴롭힘을 경험한다는 연구도 있지만, 그래도 걱정스럽다.[59] 따돌림을 당하거나 무시당하는 기억을 가질 아이야 많겠지만, 다르다는 이유로 자폐 아동이 매일 하루도 빼놓지 않고 마주하는 외면과 괴롭힘을 똑같이 경험하는 아이는 손에 꼽을 정도로 적을 것이다. 차별은 어린 시절에서 끝나지 않는다. 자폐 성인 2,000명 이상을 대상으로 영국전국자폐협회National Autistic Society에서 실시한 설문 결과를 보면, 응답자 중 48퍼센트가 직장에서 괴롭힘이나 희롱을 경험했다고 한다.[60]

케치아는 공식 진단을 받은 건 아니었지만 서른여섯 살에 자신이 자폐라고 깨달았다. 자신의 위장을 "남들 눈에 이상하게 보이거나 충격적인 특정 행동을 적극적으로 억압하는 것"이라고 표현했다. 또한 진정한 자아와 욕구를 표현했지만, 남들에게서 "혐오, 두려움, 분노"를 느낄 수 있었던 경험을 들려줬다. 그때 얼마나 "굴욕"적이고 "수치"스러웠는지도 밝혔다. "이런 일을 겪을 때마다 다시는 남들 앞에서 오늘같이 행동하면 안 되겠다고 학습하고 말조심하면서 점점 더 많은 걸 감춰요." 부정적인 인상을 심어주거나 "사회에 어울리지 못하는 사람"으로 보일까 하는 두려움에 지금껏 위장했던 것이다.

　케치아는 위장하면 어떤 기분이 드느냐는 질문에 "지친다"고 했다. 다시 기운을 차리는 데 시간이 오래 걸린다고 말했다. 위장에 매여 평생을 연기하며 정체성을 잃어간다는 기분이 들었다고도 고백했다. "의식하는 순간마다 위장하며 산 것 같아요. 삶이 고되고 의무 같기만 했죠. 즐거운 게 없어요. 뭘 봐도 시큰둥하기까지 해요. 어떻게 보면 위장은 이타적이에요. 남들이 뭘 기대하는지 집중하고 남들의 행복을 위해 삶을 바치잖아요? 위장한 채 너무 오래 지내면, 결국 남들에게서 쓰디쓴 감정을 느낄 거예요. 특히 무리한 요구를 하는 사람에게 말이죠."

　나는 어렸을 때 내가 남들과 다르게 보인다고 생각한 적이 한 번도 없고, 자폐 아동들이 흔히 겪는 심한 따돌림과 괴롭힘을 경험한 적도 없다. 그러나 내 식대로 행동하다 '이상해' 보이거나 '틀렸다'고 느낀 때가 여러 번 있었고 생생히 기억난다. 이런 적이 있었다. 중학교 때 나를 썩 좋아하진 않던 여자애에게서 파자마 파티에 오라는 초대를 받았다. 왜 나를 초대했는지 잘 모르겠지만, 당시 나와 친하게 지내던 멋지고 예쁘장한 친구를 자기 무리에 끌어들이고 싶어 했던 것 같다. 남자애들의 관심을 받는 게 대단한 거라도 되는 듯했던 그 시절, 내 가치는 마이너스였다. 파티에서 잘 알고 지내며 편히 대할 수 있는 대상은 내 친구 한 명뿐이었고, 그날 저녁 조롱거리가 될 게 분명했다. 그래서 파티에 가기 전에 엄마와 함께 신경 써서 잠옷을 골랐다. 평소 남자애처럼 입어서 펑퍼짐한 잠옷 바지에 티셔츠 한 벌을 입고 잤지만, 잘나가고 '소녀다운' 그 집단에 어울리려면 다르게 입어야 한다고 생각했다. 고민 끝에 막스 앤 스펜서Marks and Spencer's에서 분홍색과 흰색으로 된 귀여운 체크 원피스 잠옷으로 결정했다. 당연히 열세 살 여자애 차림치고는 전혀 멋져 보이지 않았고, 이 잠옷을 입고 나 자신을 위장해 보겠다던 잘못된 시도 탓에 더 비웃음을 샀다.

최근 들어 연구는 자신의 자폐를 모르는 자폐인의 사회 행동을 비자폐인이 어떻게 인식하는지 측정하는 방향으로 진행되며 자폐에 관한 편견 수준을 파악했다. 텍사스 대학교의 노아 새슨Noah Sasson 박사는 동료들과 함께 나선 연구에서 비자폐인 집단에 리얼리티/게임 쇼의 가짜 오디션에 참가한 자폐인의 모습을 담은 짧은 영상을 보여줬다.[61] 이어서 비자폐인의 오디션 장면을 보여주며 첫인상이 어땠는지 평가해 달라고 했다. 그리고 난감한 결과를 받아 들었다. 평가에 나선 실험참가자들은 누가 자폐인지 모르는 상태에서 자폐인의 영상을 보고 사회적으로 더 이상해 보이고 별로 끌리지 않는 데다가 호감이 덜 간다고 평가했다. 게다가 영상을 10초만 보고도 영상 속 자폐인과 어울리고 옆에 앉거나 대화를 나눌 가능성이 별로 없을 거라고 했다. 나는 위장이 첫인상에 얼마나 영향을 주는지 알고 싶었다. 호감도가 높은 자폐인이 알고 보면 자폐 특성을 감추려 위장을 더 많이 하지 않을까? 대뜸 물어보기 힘든 질문이었다. 자폐라고 진단받은 것 때문에 남들에게 얕보인다는 과학적 증거를 찾기 어렵고, 자기 행복을 해치면서까지 다른 사람이 되려고 애를 쓰면 호감을 더 살 수 있는지 알아보는 건 더 어렵기 때문이다. 그래도 물어봐야 했다. 자폐인들에게 낙인과 차별을 덜 경험하려면 위장하라고 해야 하는지 알아보려는 게 아니다. 비자폐인들 사이에 퍼진 무의식적인 편견을 일깨우고 사회에서 자폐인의 다름을 받아들이도록 변화를 일으킬 발판을 마련할 수 있기 때문이다. 나는 한 연구에 참여해 자체적으로 위장 점수를 높게 매긴 자폐인들이 좋은 첫인상을 준다는 증거를 찾지는 못했지만, 늦게 자폐 진단을 받은 사람들과 여성이 더 높은 평가를 받는 모습을 발견했다.[62] 위장하려는 의도가 있어도 남들 눈에 보이는 모습은 바뀌지 않지만, 위장의 질과 깊이 등 다른 메커니즘이 작용한다는 것을 짐작해 볼 수 있다.

이 연구는 자폐 행동을 둘러싸고 편견이 있다는 것을 시사한다. 그 편견 때문에 자폐인들은 남들의 인정을 받으려고 자신의 특성과 행동을 감춰야겠다는 생각을 할 수도 있다. 그러나 지금껏 드러나지 않은 것, 즉 다른 자폐인과 비자폐인을 바라보는 자폐인의 시선은 어떨까? 아마 1장에서 소개했던 상호 공감 문제가 있을 것이다. 자폐인과 비자폐인 모두 상대방이 중요하다고 생각하는 사회적 규범을 잘 모른다. 자폐인의 사회적 기술이 부족해서가 아니다. 오히려 서로의 문화가 다르다고 생각하는 게 더 나을 것이다. 한 연구에 따르면 자폐인이 다른 자폐인을 보고 비자폐인과 비교해 호감이 덜 간다고 평가해도 사회적 관심에는 영향을 받지 않아 비자폐인을 대하듯 자폐인과도 상호작용할 수 있었다.[63] 게다가, 비자폐인은 평가 대상이 자폐라는 말을 들으면 더 좋은 평가를 준다는 연구 결과도 있다.[64] 아는 만큼 공감할 수 있는 것 같다. 지금껏 자폐인은 남과 어울리기 위해 자신을 바꾸라고 배웠고, 잘못도 적응할 필요도 자폐인에게 있다는 이 담론에 위장이 딱 들어맞는다. 물론, 우리 자폐인이 적응 해야 할 때가 있다. 자폐 아동이 매우 도전적이고 해로운 행동을 할 때, 아니면 사회적 기술이 실제로 심각한 영향을 받을 때처럼 말이다. 그러나 대신 사회가 다양한 인간상에 관용을 베풀고 모두를 끌어안을 수 있도록 가르치는 데 초점을 맞춘다면 어떨까? 우리 모두에게 이익 아닐까?

수상 경험이 있는 미국의 작가 스티브 실버만Steve Silberman은 저서 『뉴로트라이브』(2018, 알마)에서 방금 말한 그다지 급진적이지 않은 생각을 반복한다.[65] 사회가 조금 더 너그러워지고 받아들일 수 있다고 주장한다. 그러나 동시에 이게 얼마나 비현실적인지 계속해서 설명한다. 그간 사회 전체를 바꾸는 것보다 개인이 바뀌는 게 더 쉬웠기 때문이다. 새슨 박사는 더럼 대학교에서 진행된 자폐인의 사회성 부족을 다룬 강연에서 '해결책은 자폐인을 정상화하는 게 아니라 그들의 행동을 이해하고 그에 적응하는 것'이라고 주장했다.[66] 꽤 무리한 요구일 수 있지만, 희망을 버리라는 말도 아니다. 우리 자폐인들이 매일 조금씩이라도 진정한 자아에 가까워지려고 하면서 주변 사람들에게 자폐를 알린다면, 상황을 바꿔나갈 수 있을 것이다. 그러나 수도 없이 용기를 내고 에너지를 쏟아야 한다.

나는 자폐 친구를 사귀고 난생처음 편안함을 맛봤다. 비자폐 친구들도 모두 굉장히 소중하고 나를 받아들여 내 모습 그대로를 아껴주지만, 자폐 친구는 꽤나 다른 유대감을 만들어낸다. 낙인도 없고, 실수할 두려움도 없고, 장단점을 서로 이해하며 인정해 준다. 나는 이 친구와 함께할 때 집에서 고양이와 놀 때처럼 편하게 있을 수 있다. 이른바 '사회적 기술 결핍'에도 불구하고 사회에서 마주하는 사소한 문제와 무례를 훨씬 적게 경험한다. 직설적으로 얘기해도 감정이나 공감이 전혀 없지는 않다. 내게 이 유대는 사랑에 빠졌을 때 느끼는 감정과 같다. 서로가 꺼내놓은 퍼즐 조각이 한데 합쳐지면 우리 모두에게 짜릿한 전율이 흐른다. 나는 처음으로 자폐 친구를 사귀고 나서 '별문제 없는 사람들이 사는' 이 발 붙일 수 없는 세상에 어울리려고 노력하며 나 자신을 잃고 있었다는 사실을 깨달았다. 그리고 사회적 상호작용이 이렇게 지치고 어려울 필요가 없다는 것도, 달성할 수 없을 것 같던 유연한 모습을 보일 수 있다는 것도 알게 됐다. 자폐 친구하고는 말을 너무 많이 하거나 반복한다는 비난 없이 특별한 관심사를 풀어낼 수 있다. 눈을 맞추지 않아도 무관심하거나 집중하지 않는다고 생각하지 않는다. 종종 그 반대다. 표정을 지으려 얼굴을 움직일 필요가 없다. 매번 날씨와 근황을 가지고 대화를 시작할 필요도 없다. 우리의 대화는 주제가 뭐든 대체로 '안녕, 잘 지냈어?'라고 인사를 건네는 대신 '너 그거 알아…' 또는 '오늘 기분이 별론데…'로 곧바로 시작한다. 사회적 상호작용에 꼭 필요한 모든 행동이 없는 이런 상황에서, 상호작용이 작동한다. 호주의 작가이자 싱어송라이터, 각본가, 조각가인 도나 윌리엄스Donna Williams는 『누군가 어딘가에서Somebody Somewhere』(1998)라는 책에서 우리 자폐인이 다른 자폐인과 함께 있을 때 어떻게 '정상'이라고 느낄 수 있는지 설명했다.[67]

우리는 태어난 날부터 '우리'라는 게 무엇을 의미하는지 배운다. 성별과 사회 규범에 따라 행동하는 법을 배우는 것이다. 배운 게 진짜 모습과 다르다면, 다른 사람인 척하며 살기 시작한다. 지금까지 위장하는 몇 가지 이유를 살펴봤고, 이제부터 한 가지 이유만 작용하는 게 아니라 생물학적, 인지적, 사회적 수준에서 여러 요인이 뒤섞이고 상호작용한다는 사실을 알게 될 것이다. 오랫동안 많은 사람이 위장을 여성에게서 두드러지는 자폐 전략이라고 생각했지만, 사실 여성적이라는 것은 순응하고 '어울리려는' 욕구를 강조할 수 있는 하나의 추가 요인에 불과한 것 같다. 양파로 치면 여러 겹 가운데 한 겹인 셈이다. 여러분이 여러 겹을 추가할수록, 위장하는 법을 배우기 쉽고 위장에 점점 빠져들 것이다. 이 여정에서 다른 것과 더불어 무엇이 여러분을 구성하는지 이해하고자 한다. 위장하며 무엇을 숨겼고, 어떤 기분이 들었는가? 여기에 답하려면, 지난날은 물론이고 행동에 이바지한 요소를 이해해야 한다. 이제, 이런 요인들이 미쳤을지 모를 영향을 살펴보자.

위장의 영향

나는 열네 살 때 몸이 너무 아파 학교에 매일 갈 수 없었다. 한 주 걸러 한 주씩 결석하다 급기야 아예 학교에 갈 수 없는 지경에 이르렀다. 병원에 가도 무슨 문제가 있는지 알 수가 없었다. 당시 위장 장애, 월경 문제, 엄청난 불안까지 다 겪고 있었다. 땡땡이 그만 치고 마음 고쳐먹고 다시 학교에 가라는 말을 많이 들었다. 그래서 수업 열 개 중 한 개 정도만 들을 수 있는 상태였지만, 고등학교만큼은 다녀보려 했다. 그러나 너무 무기력할 때가 많아 수업을 들을 수 없었고, 하루 중 절반을 화장실 한 칸에 틀어박혀 보내거나 혼자 멀찍이 떨어져 학생식당 식탁에 엎어져 있었다. 나이를 먹고 광장공포증을 극복하면서, 집을 떠나 밖에서 신체 증상에 대처하는 법을 배우면서, 아직도 무기력 속에서 허우적댄다는 것을 깨달았다. 그냥 흘려보낸 시간이 아까워서 몇 달 동안 미친 듯 사교 활동을 하다가 자주 위험할 정도로 불안감, 우울함, 좌절감에 빠져 응급실로 실려 갔다. 자폐는 생각지도 않던 시절, 나는 주요우울증, 범불안 장애, 제2형 양극성 장애인가 보다 하고 자체 진단을 내렸다. 지쳐 쓰러진 건 몇 달 동안 미친 듯 몰두했던 사교 활동 때문이라는 생각이 들었다. 간단한 대화도 견딜 수 없었고, 아주 사소한 변화나 속상한 일에 멘탈 붕괴를 겪곤 했다. 그 상태에서 벗어나려면, 경고 징후에 주의를 더 기울이고 때로는 위장을 부추기는 환경에서 멀리 떨어져 휴식을 취하며 내 식대로 지내야 했다. 흥미롭게도, 2020년 들어 세상 사람들 모두 코로나바이러스 탓에 혼자 조심하며 보내던 때가 돼서야 내 사교 활동 방식이 정신 건강에 얼마나 해로웠는지 알 수 있었다. 매일같이 겪던 끊임없는 불안에서 난생처음 완전히 벗어났다. 동료들과 어울리고 생판 처음 보는 사람들 사이에 껴 40분 동안 출근하는데 조금도 에너지를 쏟지 않고 일에 더 집중할 수 있었다. 나는 유니버시티칼리지 런던에서 진행한 한 연구에 참여해 동료들과 함께 코로나바이러스가 자폐인의 정신 건강에 미치는 영향을 탐구했다. 이 시기에 정신 건강이 악화하는 이유에 여러 가지가 있었지만, 실험에 참여한 자폐인들은 어깨에 짊어졌던 짐이 확실히 사라진 것 같은 기분이 든다고 했다. 밖에 나갈 일이 없어 전처럼 위장할 필요도 없던 터라 불안

감을 일부 덜어낼 수 있었던 것이다.[68] 여기서 잠시 그림 2.2
를 보며 내가 아직 치료받던 시절에 위장하는 나 자신을 바
라보며 그렸던 출구 없는 악순환을 살펴보자.

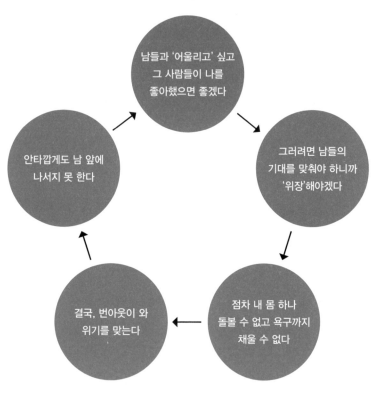

그림 2.2 위장의 악순환

앞서 소개한 연구는 위장이 정신 건강에 영향을 줄 수 있고 실제로 그렇다는 사실을 분명히 보여준다. CAT-Q 중 위장 항목에서 고득점을 올리는 자폐인이 불안감과 우울함 항목에서는 안 좋은 결과를 얻는다.[69] 훨씬 더 걱정스러운 것은 위장과 자살 행동 사이에서 발견되는 강력한 연관성이다. 노팅엄 대학교의 세라 캐시디Sarah Cassidy 박사는 설문을 바탕으로 위장이 자폐인의 자살 행동을 예측할 수 있는 중요한 변수라는 것을 보여주는 여러 연구를 진행했다.[70] 게다가, 남과 연결되고 싶은 욕구를 충족할 수 없을 때 느끼는 좌절된 소속감 역시 높은 자살률과 관련 있다.[71] 물론, 제3의 요인이 있을 수도 있다. 아마 어렸을 때 괴롭힘을 당하거나 외면당한 일로 위장하고 좌절된 소속감을 경험하다 나이가 들고 나서 불안감과 우울함을 마주할 것이다. 그러나 캐시디 박사는 초기 연구에서, 실험참가자의 나이, 성별, 발달 상태, 고용 상황, 삶의 만족도, '그리고' 우울함과 불안감 특성의 차이를 통제했다. 이는 제3의 요인 없이 높은 위장 특성만으로 높은 수준의 자살 행동을 예측할 수 있었다는 의미다.[72] 그렇다면 위장은 도대체 왜 정신 건강에 심각한 영향을 미칠 수 있는 걸까?

두 가지 핵심 가능성이 있다. 하나는 위장이 정신적으로 꽤 지칠 수 있다는 것, 다른 하나는 진정한 자아를 숨기면 자존감과 정체성에 깊이 영향을 받는다는 것이다. 앞서 살펴봤듯, 사회적 대본을 외우고 반응을 억제하는 것과 같이 꼭 필요한 정신적 기술 중 일부는 진을 빼놓을 수 있다. 남들 사이에 껴 거의 온종일 위장하고 있다는 사실을 깨달을 때 더욱 그렇다. 리빙스턴은 동료들과 함께 진행한 연구에서 위장에 투입한 자원 중 일부를 다른 곳에 쓸 수 없다고 시사했다.[73] 나는 집에서 멀리 떨어진 대학에 다니는 동안, 사회적으로 고립돼 있던 학창 시절에 손쉽게 받던 좋은 성적을 얻으려고 정말 노력했다. 그래도 성적은 평균이었고, 그 아래일 때도 있었다. 다른 친구들과 함께 지내느라 끊임없이 위장해야 하는 셰어 하우스에 사는 게 문제였다. 오전 9시에 일어나 공동 주방에서 아침 식사를 하고 다른 친구들이 잠든 후 나 자신으로 다시 돌아갈 수 있는 새벽 2시까지 내내 위장했다. 같이 살았던 친구들과 친해졌지만, 마음을 터놓고 자폐인으로서 가지고 있는 자아를 내보일 수 없었다. 그러다 보니 공부에 쏟을 에너지나 자원이 부족했다. 여러분 역시 직장에서 온종일 같은 경험을 할 수 있고, 복작거리는 곳에 살면 집에 돌아가서도 계속 위장해야 할 것이다.

진정성과 정체성의 상실은 해석하기 조금 더 까다로운 문제다. 우리 자폐인은 실제로 꽤 큰 집단이면서도 소수 집단이다.[74] 지금껏 다른 소수 집단처럼 정체성을 주장하고 자기 가치를 찾으려 싸웠다. 2007년, 노스캐롤라이나 대학교의

낸시 바가텔Nancy Bagatell 박사는 벤이라는 젊은 자폐 남성과 그의 정체성 구축 과정을 다룬 흥미로운 사례 연구를 내놨다. 벤은 자신에게 '어울리라고' 권하는 사회적 기술 교육과 치료를 접했지만, 덜 외롭기는커녕 점점 더 우울해졌고 '정상'이 되는 데 실패했다고 느꼈다. 바가텔 박사는 '정상'이라는 틀이 자폐인의 세상 밖에서 어떻게 구성됐으며 벤의 자연스러운 행동을 어떤 식으로 억압했는지 설명한다.[75] 벤은 자신처럼 남과 어울리고 '정상'이 되려고 하던 다른 자폐인을 만나고 나서 자폐를 자신의 정체성 중 일부, 즉 개성에서 분리하거나 숨길 수 없는 것으로 바라보기 시작했다. 나를 이루는 거대한 부분을 억압하고 부정한다면 진정한 나 자신으로 거듭날 수 없다. 부정하는 사람도 있는 상황에서 부정이 문제라고 주장하는 게 아니다. 사회가 우리에게 거는 기대라는 제약 없이 진짜 나는 누구이며 내가 무엇을 좋아하는지 잘 알아야 한다는 말이다. '진정한 자아'와 반대로 사는 건 곧 영혼을 파괴하는 것이다. 남들 눈에 더 '정상'처럼 보인다는 이유로 좋아하는 활동과 참여하고 싶은 '특별한 관심사'를 부인하는 건 스스로 삶을 즐길 권리를 포기하는 것이다. 벤은 새로 발견한 집단을 통해 자신을 이해하는 법을 배웠다. 자폐인치고 잘사는 게 아니라 자폐인으로서 의미 있는 삶을 살 수 있다는 생각이 들기 시작한 것이다.

엘렌은 스물일곱에 자폐 진단을 받았다. 진단받지 않은 많은 자폐 아동과 마찬가지로 특정 상황에 어울리려면 자신을 통제해야 한다고 생각했지만, 자폐 때문일 거라고는 예상하지 못했다. 그러다 자폐를 더 자세히 알게 되면서 자신의 위장 시도를 있는 그대로 관찰하게 되었다. 엘렌은 내게 이렇게 말했다. "저는 솔직히 드러내 보이고 싶은 진정한 자아와 남들처럼 되려고 노력하면서 세상에 드러나 인정받고 싶다고 아우성치는 진짜 제 모습을 감춰야 한다는 믿음 사이에서 갈등했죠." 그리고 위장이 대개 저절로 일어난다고 덧붙였다. "'가면'은 제 일부인 것 같아요. 위장이 뭔지, 위장이 아닌 건 또 뭔지 항상 구분하지는 못해요." 엘렌은 가만히 순응하면서 받아들여지고 싶다는 욕구와 진정한 자신을 내보이고 자신만의 경계를 확립하고 싶은 열망 사이에서 일어나는 내적 갈등에 갇혀 꽤 "혼란스럽다"고 밝혔다.

또한, 내면의 경험을 공유할 수 없어 외로움을 느끼고 사회적 상호작용 속에서 남들이 어떻게 반응할지 끊임없이 예측해야 하는 불확실성을 마주한다고 했다. 엘렌은 위장의 영향으로 엄청나게 무기력하다. 대화 중에 가면을 계속 쓰고 있느라 일종의 초과 근무를 계속 이어가기 때문이다. 심지어 의식하는 걸 "곤란하다"고 했다. 온 힘을 기울인다는 걸 알기 때문이다. 대조적으로 가면을 벗어도 된다고 느낄 때, 엘렌은 대화를 되짚어 보고 호기심을 반짝이며 창의적인 사고를 할 수 있을 정도로 정신이 맑고 쾌활해진다.

자폐인은 불안감과 우울함에 훨씬 취약하지만, 자폐 정체성이 긍정적일수록 높은 자존감을 가지고 있다는 사실이 밝혀졌다.[76] '최고로 정상인 척하기Putting on My Best Normal'라는 잘 어울리는 제목이 붙은 논문에 따르면, 실험에 참여한 자폐인 중 약 60퍼센트가 위장 탓에 진정한 자신인 것 같지 않다고 토로했다.[77] 그중에는 다음과 같이 주변 사람들 사이에서 점점 고립되는 느낌이 든다고 하는 사람도 있었다. "다른 사람들과 정말 잘 통했다 싶은 적이 없어 슬퍼요. 남들과 함께 있어도 배역 하나를 연기하는 기분이라 점점 더 고립되는 것 같아요." 이외에도 진정한 자신을 잃었다고 느끼는 사람도 있었다. "가끔 스트레스가 심한 환경에서 위장해야 할 때면 제 진짜 모습을 잃은 것 같고, 실제 자아는 머리 위 어디선가 풍선처럼 떠다니고 있는 것 같았어요." 사회학자 어빙 고프먼 역시 사회적 연기가 진정한 자아가 아니고 '실제 자신'과

갈등을 빚고 있다면, 소외로 이어질 것이라며 경고했다.[78]

　나는 대학에 입학하면서 자폐 자아와 관련된 모든 것을 지웠다. 당시엔 자폐인지도 몰랐지만, 그런 특성 때문에 친구들 사이에서 '정상' 취급을 받지 못할 것 같아 내 일부를 감춰야 한다고 생각했다. 그래서 어릴 때부터 얼굴에 비비고 만지작거리던 부들부들한 곰 인형을 치웠다. 근처 사람들이 어쩌다 보기라도 할까 봐 즐겨 보던 아동용 프로그램도 끊었다. 그리고 매일 들었다 놨다 하며 소중하게 여기던 이런저런 물건들을 더는 수집하고 진열하지 않았다. 대신 커다란 메모판 위에 남들 눈에 '멋져 보일' 이미지와 포스터를 붙여 놨다. 관심사와 습관을 계속 억누르며 보낸 지 몇 년 만에 나는 내가 누구였고 무엇을 즐겼는지 잊어버렸다. 공허하고 우울했다. 나라는 사람이 진짜 있긴 했던 걸까? 그 무엇에도 즐겁지 않았고 남의 기대대로 움직이는 로봇이 된 기분이었다. 이 위기에서 회복했던 방법 중 하나는 다시 행복해지는 법을 배우는 것이었다. 나는 한때 좋아했던 것들, 장난감, 게임, 텔레비전 프로그램, 옷, 음악에 둘러싸였다. 남들 앞에 진짜 자아를 내놓는 건 쉽지 않았고 가끔 무섭기까지 했지만, 효과가 있었다. 이런 걸 즐기는 게 여전히 창피하고 직장처럼 공식적인 환경에서는 원래 성향을 최대한 감추지만, 집에서만큼은 너무나도 원하는 것들에 폭 싸여 멘탈 붕괴와 정신 건강 위기에서 나 자신을 지킨다. 또한, 즐기는 것 말고 다른 목적이라고는 없는 활동을 하는 법을 배우며 회복했다. 한 자폐 친구가 내게 말했듯, "우리는 상황에 맞는 행동을 해서가 아니라 존재 자체로 인간이다".

이번 장이 여러분에게 위장이 정확히 무엇인지, 과학자들이 무엇을 알아냈는지, 위장이 우리의 삶에 어떤 영향을 줄 수 있는지 잠깐씩 맛보는 여정이었기를 바란다. 마지막으로 질문이 있다. 위장이 노력할 만한 가치가 있는 걸까? 스스로 결정할 문제다. 위장하는 데 정체성과 에너지는 또 얼마나 희생하는 걸까? 들인 노력만큼 보람이 있을까? 다음 장에서는 여러분이 언제 어떻게 위장했으며 위장에 어떤 영향을 받았는지 그리고 위장을 줄인다면 어떨지 조금 더 자세히 들여다볼 것이다.

주요
내용

- 위장은 마스킹, 보상, 동화와 같은 여러 요인을 포함한다.
- 위장을 부추기는 요인 중에는 자폐, 여자다움을 강

조하는 성장 과정, 좋은 집행 기능, 사회적 낙인 경험이 있다.

- 여러 연구에 따르면, 위장은 정신 건강에 상당히 부정적인 영향을 미친다. 끊임없이 위장해서 탈진을 경험하고 진정한 자아를 상실하는 느낌이 들기 때문일 것이다.

혹시 당신도 위장 중?

3

· 이번 장 미리 보기 ·

여러분이 현재 위장 전략을 쓰는지 살펴보고,
어떤 상황에서 가장 많이 사용하며
그 이유가 무엇인지 알아볼 것이다.

주요 용어

CBT

인지행동치료Cognitive behavioural therapy. 사고, 감정, 행동을 관리하는

치료법

감정표현불능증 Alexithymia

남의 감정을 읽어내고 이해하는 데 어려움을 보이는 증상

나는 여러분이 이 책을 통해 자신의 위장 행동을 파악하고 좋든 나쁘든 어떤 영향을 받고 있는지 알아보며 위장을 한층 더 깊게 이해하기 바란다. 이미 알고 있는 사람도, 지금껏 위장한 적이 있는지 잘 모르는 사람도 있을 것이다. 뭐가 됐든 상관없다. 이후 소개할 활동과 전략이 어떻게든 여러분에게 도움이 됐으면 한다. 개인적으로는 분명 유용했다. 우선, 이번 장에서는 여러분이 사용하고 있을지 모를 특정한 위장의 특성과 함께, 위장하는 맥락과 이유까지 살펴보려 한다. 그러면 자신의 위장 전략에 관해 더 많은 통찰을 얻어 위장과 자아를 더 정확히 이해할 수 있고, 앞으로 책에서 만날 여러 활동을 손쉽게 해낼 수 있을 것이다. 이어서 위장 전략 때문에 어떤 기분이 드는지, 위장하기 특히 어려운 상황이 있는지 살펴볼 것이다. 다시 한번 말하지만, 위장을 아예 하지 말아야 한다는 말이 아니다. 위장 덕에 실제로 자신감이 더 붙을 수 있기 때문이다. 여기서는 어떤 행동과 상황이 행복에 영향을 주는지 알아보자.

지금까지 어떻게 위장했는지 하나하나 생각해 보려면 머리가 지끈지끈할 것이다. 그러나 위장을 옳지 않은 일이라든지 일부러 남을 '속이는 일'로 생각해서는 안 된다. 위장은 거의 다들 겪어본 사회적 스트레스 요인과 트라우마에 맞닥뜨렸을 때 자연스레 일어나는 반응이며, 우리가 그간 속였던 대상은 바로 우리 자신이다. 위장 특성을 찬찬히 뜯어보고 정체를 파악해 위장이 사회에서 우리 자신을 정서적으로 안전하게 보호하는 적응 반응이었다고 이해해야 한다. 시간을 되돌려 과거를 바꿀 수는 없다. 오히려 미리 알고 때에 맞춰 위장을 도운 뇌 덕분에 여러분은 살아남아 지금처럼 강한 존재가 될 수 있었다. 심지어 일부 위장 전략 덕에 긍정적인 결과까지 경험했을 것이다.

나는 아직 자폐인지 모르던 어린 시절에 엄마 손에 붙들려 엄마 친구 딸들이 모여 '노는 자리'에 끼곤 했다. 그 속에서 엄청 불안했고, 그 애들과 어울리기엔 자신감이나 동기도 없었던 것 같다. 나답게 재잘대는 모습으로 있을 수 있는 집에 가기 전까지 그저 구석에 뚱하게 앉아 입을 꾹 닫고 있었다. 그래도 '비자폐인'처럼 놀고 사람들과 어울리는 방법을 배운 것 같다. 무엇을 어떻게 말할지, 어디에 관심을 둘지, 무엇을 가려 말해야 할지 그때 알았다. 사람들이 이성을 잃을 정도로 흥분해서 얼굴에 대고 큰소리로 아무 말이나 해대는 걸 싫어하고, 신발 한 켤레 가지고 선생님과 나눈 일상적인 대화를 늘어놓는 걸 별로 안 좋아한다는 사실도 겨우 알게 됐다. 그러나 다 자라고 나서도 사람들이 남의 이야기와 경험담을 듣고 싶어 하는 건 이해하기 어려웠다. 대화에서 균형을 찾는 건 내게 평생 풀어야 할 숙제다. 대화하다 보면 어느새 아무 말 없이 조용히 있는 나 자신을 발견하고는 대화 상대라는 '역할'을 다 하고 대화를 이어나가기 위해 전혀 관련 없는 말이나 지루한 얘기를 재빨리 덧붙여야겠다고 자주 느꼈다.

자라면서는 예행연습까지 하며 대화를 준비했고, 침묵과 함께 어색함이 흐르고 대화 상대가 시선을 돌리며 자리를 뜰 핑계를 찾는 일을 경험하지 않으려고 매번 연기했다. 초를 세며 상대의 눈을 오래 바라보면서도 사이코패스로 오해받지 않게 뚫어져라 쳐다보지 않으려 노력하면서 최대한 정상처럼 보이게끔 눈 맞춤까지 연습했다. 결국, 스텝에 신경 쓰는 초보 댄서처럼 어느새 이런저런 행동에 몰두하느라 남의 말을 들을 겨를이 없었다.

대화에 집중할 수 없게 하는 비언어적 커뮤니케이션은 또 있었다. 사람들이 손과 팔을 움직이며 말하는 모습이 눈에 들어왔다. 이후 남이 말할 때마다 자연스레 손에 눈길이 갔다. 충분히 자신감이 생기고 나서는 대화할 때 사람들을 따라 손과 팔을 움직이기 시작했다. 이런 움직임이 점점 몸에 배 더 자연스러워졌고, 마침내 여러 상황에서 손과 팔을 움직이며 대화할 수 있게 됐다.

베서니는 자폐 진단을 받고 나서 위장하고 있다는 사실을 훨씬 더 많이 인지하게 됐다. 10대 시절만 해도 사회적 상호작용이 편해진다고 느끼며 무의식적으로 위장을 대응 기제 삼아 자주 사용했다. '로봇처럼' 보이지 않으려 애써 목소리에 높낮이를 더하고 제스처를 취하면서 표정을 과하게 짓기도 했다. 마치 드라마 속에서 다양하게 연기하는 것 같다. 베서니는 상황에 따라 '일하는 베서니', '걸스카우트 리더 베서니', '대학생 베서니' 등 다양하게 행동했다.

나는 30대가 된 지금도 계속해서 남들을 지켜보며 소통 방식을 조금씩 바꾼다. 최근에는 내 억양이 남들과 다른 것 같다는 느낌까지 받았다. 정신과 의사의 평가처럼 있는 그대로 말하자면 내 말에는 '높낮이가 없는 편이라 감정이 느껴지지 않는다'. 지금껏 오랫동안 위장을 줄이려 했지만, 아직도 모르는 새 남들이 말하는 방식과 소리에 맞춰 목소리를 바꾼다.

내 연구 대상은 언제나 사람들이었다. '특별한 관심사'가 있긴 했지만, 자폐인이라면 '흔히 좋아하는' 그런 건 아니었다. 기차에 열광하거나 물리학이나 숫자를 이해하는 데 푹 빠져 있는 것과 거리가 멀었다. 나는 인간을 시스템으로 이해하려 했다. 남들이 어떻게 딱 맞춰 손발을 움직이고, 상황에 맞게 옷을 입으며 행동을 적절히 바꾸는지 알고 싶었고, 결국 어떻게 행동해서 호감을 사는지 궁금했다. 나는 열네 살에 팝스타 핑크Pink에 푹 빠졌다. 청소년 시절에는 좋아하는 사람의 모든 걸 알고 싶어 하니까 이런 모습은 정상이었지만, 자폐인 입장에서 보면 '쳇바퀴' 같은 일상에서 한 발짝 도약한 것이었다. 나는 집착했다. 핑크의 행동과 말 한마디에 의미를 부여했지만, 그걸로는 부족했다. 핑크의 옷차림을 따라 하려 했고, 금발에 핑크색을 더해 드레드 머리를 하는 상상까지 하며 핑크에 관해서라면 무엇이든 수집해야 했다. 그전에 에미넴Eminem에 반했을 때 결과가 그리 좋지 않았던 터라 핑크를 향한 적절한 관심에 우리 부모님도 아마 한시름 놓으셨을 거다.

나는 이외에도 호감을 사려면 유머가 핵심이라는 사실을 깨닫고 말장난을 제2의 언어 삼아 단련했다. 언제나 웃기려 드는 나를 보고 지긋지긋하다 하면서도 있는 그대로 아껴주고 포용해 주는 사람들 사이에서 신이 나고 살아 있음을 느낀다. 유머에 기대는 건 어쩌면 그다지 와닿지 않는 감정을 표현해야 하는 상황을 부드럽게 넘어가고 싶어서인지 모른다. 아니면 사회적으로 적절한 행동이 뭔지 몰라 나를 깎아내리며 주의를 환기하려는 것일 수도 있다. 사실, 지금 말한 건 추측이 아니다. 나는 정말 이런 이유로 유머에 기대기 때문이다.

나는 어렸을 때부터 주위 세상을 연구하며 쌓은 우정을 바탕으로 더 많은 친구를 사귀고 혼자서는 못했을 일을 할 자신감을 키워나갔다. 대학에 가서도 매일 불안한 탓에 복통에 시달리며 내 방에 숨어 있었지만, 친구들 덕분에 대학 생활에 적응하고 집에서 멀리 떨어져서도 낯선 사람들과 잘 지낼 수 있었다. 그때, 학위를 끝마치고 박사 과정에 지원할 자신감까지 생겼다. 박사 과정 중에도 새로운 사람을 만나는 게 두렵고 발표하는 게 무서워서 또다시 꼭꼭 숨기도 했다. 그러나 남들이 연구 결과를 발표하는 동안 어떻게 말하고 행동하며 무슨 말을 하는지 찬찬히 살펴보며 나 역시 남들 앞에서 말할 자신감을 얻었다. 그 결과, 놀랍게도 자폐 동지들과 여러 친구를 만날 수 있었다.

위장 덕에 이 모든 일을 이뤘다고 말하려는 게 아니다. 자라면서 비자폐인들이 살아가는 주변 세상에 맞추려면, 어쩔 수 없이 적응해야 했다. 위장한 덕에 좋은 결과를 얻었지만, 단점도 많았다. 자폐인은 주변에 따라 굳이 맞지 않는 옷을 입을 필요 없이 원하는 걸 이룰 수 '있어야 한다'. 그러나 안타깝게도 이런 일은 거의 불가능하다. 사회의 도움 없이 살아야 하는 이럴 때 우리를 도와주는 게 바로 위장이다. 그러나 우리 자폐인은 어엿한 성인으로서 사회를 바꿀 수 있다. 그 전에 일단 여러분이 어떤 위장 행동을 언제 자주 하는지 살펴봐야 한다.

크리스티나는 서른여덟이 될 때까지 자기가 자폐인지 몰랐다. 그때까지 위장이 뭔지, 위장하고 있는지조차 알지 못했다. 어렸을 때를 생각하면, 다른 애들이 마치 "자기는 건드리지도 못하는 신비한 상호작용 책을 줄줄 읽어오는 것 같았다"고 했다. 게다가 사회적 상호작용을 오랫동안 하고 나면, 위장은 물론이고 남의 반응에 따라 자신이 펼치는 '연기'가 맞는지 확인하려고 하다가 기운이 빠진다는 것도 깨달았다. 그래서 입사해서 일하는 대신 프리랜서 일을 찾았다. 사람들과 어울리는 일이 적어서다. 공식적이지 않은 상황에서는 억지로 사람들 틈에 끼기보단 한발 물러나 관찰한다. 반면, 사람들 앞에서 연설하는 건 즐기는 편이다. 여럿이서 어울리는 자리와 달리 혼자 힘으로 통제할 수 있기 때문이다.

자폐 특성 위장 설문

줄여서 CAT-Q라고도 하는 자폐 특성 위장 설문은 유니버시티칼리지 런던의 로라 힐Laura Hull 박사가 동료들과 함께 개발한 설문이다.[78] 허가를 받아 이 책에 실어놨다. 문항은 총 25개이며, 위장의 세 요소를 반영했다. 첫 번째는 보상으로, 사회적 상황을 앞두고 전략을 써서 대화에 반응하는 것과 같은 어려움을 극복하는 행위를 의미한다. 다음은 마스킹으로, 남들 앞에서 상동행동을 억누르는 등 자폐 특성을 감추는 전략을 사용하는 것이다. 마지막으로, 동화가 있다. 이는 남들에게 호감을 사기 위해 다르게 행동해야겠다고 느끼는 등 남들과 '어울리는' 전략을 사용하는 것을 뜻한다. 현재 이 설문은 위장 행동을 전반적으로 측정하는 최초이자 유일한 자기 보고 설문이다.

★ 자폐 특성 위장 설문 배점표

답변 점수 매기는 법

별표(*) '없는' 항목의 배점

매우 동의하지 않음	1
동의하지 않음	2
약간 동의하지 않음	3
보통	4
약간 동의함	5
동의함	6
매우 동의함	7

별표(*) '있는' 항목의 배점

매우 동의하지 않음	7
동의하지 않음	6
약간 동의하지 않음	5
보통	4
약간 동의함	3
동의함	2
매우 동의함	1

CAT-Q 시작!

아래 문항을 읽고 사회적 상호작용에서 겪는 일에 가장 잘 맞는 답변을 골라 보자

	매우 동의하지 않음	동의하지 않음	약간 동의하지 않음	보통	약간 동의함	동의함	매우 동의함
1. 누군가와 상호작용할 때, 일부러 그들의 보디랭귀지나 표정을 복제한다							
2. 불편한 티가 나지 않게 내 보디랭귀지나 표정에 신경 쓴다							
3. 사회적 상황에서 빠져나가기 위해 연기를 해야겠다는 필요를 거의 못 느낀다*							
4. 사회적 상황에서 참고할 대본을 준비했었다 (예: 질문이나 대화 주제 목록)							
5. 어떤 말을 들으면, 처음 들었던 상황과 똑같을 때 그 말을 반복할 것이다							

6. 상호작용하고 싶은 사람이 봤을 때 관심 있는 것처럼 보이게 내 보디랭귀지나 표정을 조정한다						
7. 사회적 상황에서, 나 자신이라기보다는 '연기 중'인 것 같다						
8. 사회적 상호작용을 하는 동안 남들을 보면서 배운 행동을 사용한다						
9. 항상 남에게 어떤 인상을 남기는지 생각한다						
10. 사람들과 어울리려면 남들의 지지가 필요하다						
11. 자연스럽게 보이려고 표정과 보디랭귀지를 연습한다						

	매우 동의하지 않음	동의하지 않음	약간 동의하지 않음	보통	약간 동의함	동의함	매우 동의함
12. 원하지 않으면, 남들과 눈을 맞출 필요를 못 느낀다*							
13. 사회적 상황 속에서는 어쩔 수 없이 남과 상호작용해야 한다							
14. 남들을 보며 사회적 기술을 더 잘 이해하려 노력했다							
15. 상호작용하고 싶은 사람이 봤을 때 관심 있는 것처럼 보이게 내 보디랭귀지나 표정에 신경 쓴다							
16. 사회적 상황 속에서 남들과의 상호작용을 피하는 방법을 찾으려 노력한다							

18. 남들에게 어떤 인상을 주는지 항상 의식한다					
19. 남들과 있을 때 나 자신을 자유롭게 내보이는 느낌이 든다*					
20. 텔레비전, 영화 또는 소설을 통해 상호작용할 때 남들이 몸과 얼굴을 어떻게 쓰는지 배운다					
21. 불편한 티가 나지 않게 내 보디랭귀지나 표정을 조정한다					
22. 남들에게 말할 때, 대화가 자연스럽게 흘러간다고 느낀다*					
23. 텔레비전과 영화를 통해 사회적 기술을 학습하고 상호작용에 사용하려 노력한다					

매우 동의하지 않음	동의하지 않음	약간 동의하지 않음	보통	약간 동의함	동의함	매우 동의함
24. 사회적 상호작용을 하는 동안 내 얼굴이나 몸에 신경 쓰지 않는다*						
25. 사회적 상호작용을 하는 동안 '정상'인 척하려 한다고 느낀다						

* 별표가 있는 문항은 반대로 점수를 매기면 된다. 연구에 참여하는 사람들은 모든 항목에 같은 응답을 하지 않아야 하며 문항을 신중히 읽고 답해야 한다.

항목	점수	항목	점수	항목	점수
1		10		19	
2		11		20	
3		12		21	
4		13		22	
5		14		23	
6		15		24	
7		16		25	
8		17			
9		18		**총점**	

점수는 25점에서 175점까지 나올 수 있으며 100점을 넘으면 위장을 많이 한다고 볼 수 있지만, 위장의 '빈도'를 나타내는 정해진 점수는 없다. 연구 결과, 문항에 따라 자폐인과 비자폐인 사이에 몇 가지 큰 차이가 있었고 남녀 사이에도 마찬가지였다.[79] 총점을 계산하고 평균 점수와 비교해 여러분의 점수가 어디쯤 속하는지 알아보자.

자폐인		비자폐인	
여성	남성	여성	남성
124	110	91	97

CAT-Q 평균 점수 (Hull 외, 2019년)

여러분은 다음 장으로 넘어가서도 이 설문을 다시 하고 싶을지 모른다. 문항을 보고서 지금껏 하고 있는지 몰랐던 위장 행동을 발견했을 수도 있다. 반면 의식하고 복잡한 행동을 줄일수록 낮은 점수를 받을 수 있다는 사실도 파악했을 것이다.

언제, 왜 위장하는가?

CAT-Q를 하고 나면 다양한 방식으로 위장한다는 사실을 알수 있지만, 언제, 왜, 또는 얼마나 자주 하는지는 파악할 수 없다. 우리는 드러나지 않은 것을 알아둬야 한다. 이유는 다음 장에서 살펴보도록 하자.

제니는 학교에서 놀림받지 않으려고 위장하기 시작했다. 그다지 도움이 된 것 같지는 않지만, 성인이 된 후에도 우두커니 멈춰 서지 않고 상황을 쉽게 헤쳐 나가기 위해 계속해서 위장한다. 위장을 하면 "자신감 넘치고 유능하다는" 기분이 들지만, 지나치게 오래 또는 자주 해서 지치기도 한다.

에일리 케이지Eilidh Cage와 조이 트록셀-휘트먼Zoe Troxell-Whitman은 현대 들어 위장을 다룬 문헌을 검토한 후 사람들이 위장하는 맥락과 이유를 정리했다.[80] 그 결과, 위장하는 이유를 크게 두 개로 나눠볼 수 있었다. 직장이나 학교에서 잘 지내려고 위장한다는 관습적 이유 그리고 사회적 상황 속에서 남들과 잘 어울려 보려고 위장한다는 관계적 이유였다. 맥락역시 두 개의 큰 범주로 나눌 수 있었다. 일할 때처럼 격식을 차리는 상황 그리고 친지들과 함께할 때처럼 대인관계를 맺는 상황이었다.

위장을 측정할 때 문제 중 하나는 의식하고 있는 것만 측정할 수 있다는 것이다. 그러나 위장 행동은 대개 무의식적으로 튀어나온다. 많은 사람이 미처 눈치채지 못한 채 자연스레 주변에 행동을 맞추려 한다.[81] 직장에서 대화하면서 비슷하게 팔짱을 끼거나 다리를 꼬고 서로 웃거나 미소 짓는

두 사람만 봐도 알 수 있다. 이들에게 '두 사람, 일부러 따라 해요?'라고 물어본다면 아마 그러고 있는지 몰랐을 가능성이 크다. 자폐인의 위장도 마찬가지다. 대개 무의식적으로 행동하다 보니 어느 정도 시간이 지나야 자기 행동을 인지한다. 그런 행동 중 어떤 것도 잘못됐다고 말하려는 게 아니다. 비자폐인에게 저절로 남을 따라 하는 걸 그만두라고 한 적은 없다. 모방은 사람들 사이를 '자석'처럼 끌어당기기 때문이다. 문제는 시간과 에너지를 잡아먹고 남에게 다름을 들키지 않으면서 호감을 사야 할 것 같을 때 드러나는 위장 행동이다. 어떤 행동을 하면 득보다 실이 큰지 알아둬야 한다. 지난 행동을 돌아보면 점점 나 자신을 잘 알게 돼 응원까지 할 수 있다. 그리고 통제권을 쥐고서 때마다 원하는 모습을 내보일 수 있을 것이다.

활동하기

이번 장에서 소개한 위장 연구는 심리학 연구를 바탕으로 많은 자폐인에게 위장이 어떻게 보이는지 해석한 것일 뿐이다. 위장 경험은 저마다 매우 다를 수 있다. CAT-Q를 하며 여러분의 전략을 되돌아보고 언제 왜 위장하는지 생각해 봤으면 한다. 이어질 공간에 예전이나 현재 위장 전략에 관해 자신만의 생각을 적어보고, 그 전략을 언제, 얼마나 자주 쓰는지 생각해 보자.

스스로 써보는 나만의 이야기

예: 나는 어렸을 때 오빠들처럼 보이려고 가끔 오빠 옷을 입기도 했다. 집에 있을 땐 오빠들 사이에 끼고 싶어서 그렇게 입었지만, 학교에서는 당황스러울 만큼 분위기가 달라서 친구들과 어울리려고 '소녀 같은' 옷을 입었다.

....

....

....

....

....

....

....

....

···

···

···

···

···

···

···

···

···

···

언제 어떻게 위장하는지 인지하고 이해하는 것도 좋지만, 위장할 때 기분은 어떤가? 게다가 위장하면서 살아가는 데 어떤 영향을 받고 있는 걸까? 이전에도 말했듯, 위장 덕에 가끔은 자신감이 솟구쳐 세상을 다 가질 수 있을 것 같은 기분이 들기도 할 거다. 또 어떨 때는 기운이 쭉 빠지고 나 자신에게 안 좋은 감정만 남을 수도 있다. 나는 강연을 끝내면, 날아

갈 듯 기쁘고 청중과 잘 통했다는 느낌에 기운까지 나며 그런 내 모습에 매우 만족한다. 그러나 친구와 만났다 헤어지고 나서는 실수한 게 머릿속에서 빙빙 도는 등 부정적인 감정에 괴로워할 때가 훨씬 많다. 나는 말없이 머리를 싸매고 잘못한 일을 하나씩 돌이켜보며 친구들이 나를 어떻게 생각할지, 마지막으로 기억하는 내 모습이 뭘지 곰곰이 생각한다.

인지행동치료(CBT)는 도움이 하나도 안 되는 생각과 행동을 바꾸려는 치료법이며 심리치료 중에서 꽤 인기 있는 갈래다.[82] 여기에 우리 자신의 위장 행동이 어떤 영향을 주는지 이해하는 데 참고할 수 있는 간단한 도구가 몇 개 있다. 그중 첫 번째로 소개할 방법은 특정 상황과 그에 따른 생각, 감정, 신체 감각, 기분, 행동을 알아보는 것이다. 만약 여러분도 나와 같다면, 감정을 정확히 가려내 무엇이었는지 정의하는 게 정말 어려울 것이다! 게다가 우리 같은 사람들은 대개 '감정표현불능증' 탓에 감정을 파악하고 표현하기가 어려워서 CBT를 시도하려 해도 보이지 않는 벽에 몇 번이고 부딪히는 것 같다고 생각하기 쉽다. 그러나 계속 시도하며 질문에 최대한 답하려고 노력하다 보면 '효과'를 느낄 수 있을 것이다. 나는 수백 번 시도한 끝에 이제는 신체 감각과 생각을 바탕으로 내 감정을 추측할 수 있다. 만약 이상하게도 목에 뭔가 걸린 듯한 느낌이 나면 슬프다는 뜻이다. 또한 '남들이 나를 어떻게 볼까?'라고 생각하기 시작하면 꽤 불안한 것이다. 이런 식으로 감정마다 이름표를 붙이는 건 정말 유용하다. 시간이 지나면 차츰 이름표를 붙일 필요 없이 타고난 듯 감정을 해석할 수 있게 된다. 몇 가지 예시를 보며 단계별로 연습해 보자.

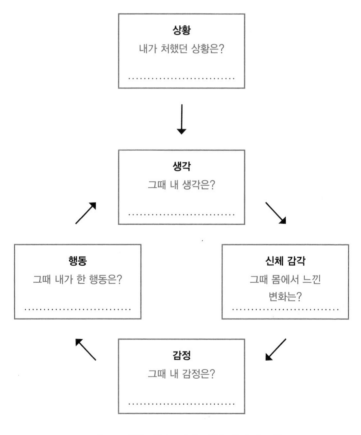

그림 3.1 상황, 생각, 감정, 행동 다이어그램

1. 최근에 위장했던 '상황을 알아보자'. 어떤 상황이든 괜찮지만, 구체적으로 떠올리도록 하자.
   ― 나는 어제 점심을 먹으러 친한 친구 둘과 그 친구네 정원에서 만났다.

2. '그때 들었던 생각을 떠올려 보자'. 좋든 나쁘든 기억나는 대로 최대한 많이 목록으로 정리하도록 하자.
   ― 앞서 말했던 상황에서 나는 이런 생각을 했다. '나 좀 별나 보이는 것 같은데', '왜 나는 눈을 못 맞출까?', '쟤네가 눈치채겠어', '내가 자기들과 다르다고 생각하겠지', '따분하다고도 생각할 거야', '너무 피곤하다', '집에 가고 싶어', '정말 이럴 땐 형편 없다니까'.

3. '그때 몸에서 어떤 변화가 일어났는가?' 다른 것보다 더 어려운 질문일 수 있다. 위장할 때는 몸과 마음에 완전히 신경을 끄고 처한 상황에만 집중해 대처할 때도 있기 때문이다.
   ― 나는 내 친구네 집 정원에 있을 때 갑자기 피곤함이 밀려드는 걸 느꼈다. 게다가, 목이 좀 메고 입맛도 안 돌아 밥을 넘기기 힘들었다.

4. '그때 어떤 느낌이 들었는가?' 이것 역시 어려운 질문일 수 있다.

가끔 위장이 절로 발동해 어떤 느낌이었는지 생각해 볼 겨를이 없기 때문이다. 따라서 당시 생각이나 신체 변화를 바탕으로 어떤 느낌이었는지 파악해 볼 수 있을 것이다.

— 나는 불안했던 게 틀림없다. 너무 불안하면 말이 없어지고 피곤해지는 데다가 뭘 먹기 힘들 정도로 목이 멘다. 사회생활을 제대로 못 했다는 생각에 슬프기도 했던 것 같다.

5. '그때 어떻게 반응했는지 떠올려 보자.' 이 질문은 이번 활동에서 가장 중요한 단계이자 나중에 또 살펴볼 부분이기도 하다. 이번 단계에서 우리는 자신의 대응 기제가 무엇인지 알아내고, 그것이 유용한지, 아니면 지금까지의 흐름에서 빠져나갈 수 없게 하는지 파악할 수 있다.

— 나는 불안감을 들키고 싶지 않아서 점심 식사 자리를 지키고 있었다. 억지로라도 눈을 맞추려 하고 질문을 많이 해가며 열정적으로 대화하려고 안간힘을 썼다. 동시에 손가락을 덜 움직이며 상동행동을 억누르려고 애를 썼다. 이후에도 나는 약속을 깨고 싶지 않아 다른 친구와도 만났다. 그리고 다음 날 침대에 푹 퍼져 있었다.

이 다이어그램을 따라 답을 써나갈수록 깨닫는 게 하나하나 늘어간다. 어쩌면 사회적 상황에 처할 때마다 한 질문에 답을 내놓느라 꼬박 일주일을 보내고 어떤 상황에서 가장 부정적인 감정을 느끼는지 알게 될 것이다. 규칙성이 눈에 띌 수도 있다. 사교 활동에 연달아 몇 번이나 참여하고 나면 부정적인 감정이 더 밀려오지만, 며칠 쉬고 나서 사람들을 만나러 나서면 그런 부정적인 감정이 들지 않을 때도 있다. 마치 생일 파티처럼 생전 처음 보는 사람들이 차고 넘치는 성대한 모임에 다녀오고 나서 기분이 그럭저럭 괜찮은 것과 같다. 오히려 친한 친구와 커피를 마시다 혼자만의 세계로 들어가 큰 모임에서 막 자기소개를 했을 때보다 더 빨리 자리를 뜨고 싶을 수 있다. 또 어떤 날엔 대형 마트에 가서 구석구석 누비고 다닐 수 있지만, 집 밖에 있는 우편함까지 갈 수 없는 날도 있다. 이런 걸 보면 불안감이 제멋대로 다가오는 탓에 사람들을 만날 때마다 어떤 기분이 들지 예측할 수 없을 것만 같다. 그러나 우리 곁에는 언제나 징후와 이유가 존재한다. 단지 억누르고 받아들이지 않았을 뿐이다. 앞서 살펴본 내 경험담을 통해 어쩌면 불안감을 위장하고 심지어 이후로도 사람들을 더 만나겠다는 결정 때문에 내가 다음 날 무너져 내렸다고 이해할 수 있다. 당시 나는 남들에게 맞춰야 한다고 생각했다. 상대가 나를 어떻게 생각할지 신경 썼고, 결국 그들이 실망할까 봐 안절부절했다. 나 자신의 행복보다 친구를 잃을까 하는 걱정이 더 컸다. 이럴 때 우리는 흔히 무턱대고 계속 따르다 물이 넘치고 마는 컵을 생각해 볼 수 있다. 이 컵을 사회적 상황 속에서 위장 중인 나 자신에 빗댄다면 상황에 따라 컵, 즉 나의 미래가 어떻게 될지 짐작할 수 있다. 첫 번째 상황에서 내가 물을 거의 넘칠 만큼 채웠다면, 두 번째 상황에서 불안감과 위장 욕구를 조금만 느껴도 물이 넘쳐 다음 날 퍼져 있을 수밖에 없던 것이다. '셧다운Shut down'은 많은 자폐인에게 익숙한 현상이며 심한 탈진의 결과로 일어날 수 있다. 감각과부하Sensory overload, 사회적 상황, 위장과 더불어 상동행동을 억누르고 남의 기대에 미치지 못한다는 느낌까지 원인으로 여겨진다. 여기까지 오면 여러분은 가까운 사람들과도 의사소통하는 데 어려움을 겪는 동시에 말수가 줄어들 것이다.

우리가 바라는 이상적인 모습은 삶 속에서 사회적 상황에 참여하며 번아웃 없이 성취감을 느낄 수 있는 균형을 찾는 것이다. 다음 장부터는 위장 때문에 겪게 되는 부정적인 결과를 조금이라도 줄이는 데 도움이 될 만한 전략을 살펴보려 한다. 여기서 여러분이 책을 서둘러 훑지 않길 바란다. 그럴 생각이라면 마지막에는 이번 장에서 살펴봤던 활동으로 돌아가도록 하자. 이후에 소개할 전략을 다루기 전에 자신의 위장을 찬찬히 들여다보며 증거를 최대한 모아 위장이 어떤

지 자세히 파악하는 게 중요하다.

주요
내용

- 어떤 위장 전략을 사용하는지 자세히 알수록 행동과 관계에 관한 통찰을 더 많이 얻을 수 있다.
- 위장을 많이 하는 사람들은 맥락을 가리지 않고 위장하는 편이지만, 상황에 따라 위장 수준이 다른 사람도 있다.
- 사람마다 경험은 물론이고 자폐 특성과 환경까지 다르므로 위장 전략 역시 사람에 따라 고유한 형태를 띨 수 있다.
- 이번 장에서 소개한 상황, 생각, 감정, 행동 다이어그램과 같은 인지행동치료(CBT)는 위장이 미치는 영향과 현재 사용 중인 대응 기제를 더 깊이 이해하는 데 도움이 될 것이다.

나 자신에게 공감하기

4

• 이번 장 미리 보기 •

감당하기 어려운 감정을 잠재우고
자신에게 공감하며 불안감과 우울함을
줄이는 방법을 알아볼 것이다.

주요 용어

사고 오류 Thinking error

근거가 없을 수도 있는 자동적 생각

DBT

변증법적 행동치료Dialectic Behaviour Therapy. 강렬한 감정을 달래기 위해 사용하는 치료법

고통 감내력 Distress tolerance

감당하기 어려운 감정과 고통을 관리하는 능력

위장을 줄이는 방법은 다음 장에서 살펴볼 예정이다. 지금은 그간 위장한 방식과 그로 인해 느꼈을 감정에 관해 새로 파악한 내용을 계속해서 살펴보자. 여러분은 여태껏 위장도, 그것이 가져다주는 감정도 알고 있었을 테지만, 삶에서 스트레스 원인을 찾아 다시 떠올리는 것만으로도 불편한 기억과 감정에 휩싸일 것이다. 그러나 원인을 찾아내야 이 책과 함께하는 여정에서 나 자신에게 공감한다는 게 무엇인지, 실제로 어떤 모습일지 가늠해 볼 수 있다. 이번 장에서는 여정의 다음 단계, 즉 마스크를 벗어 던지고 위장을 줄이는 연습을 하기 전 준비운동 격인 다양한 기법을 만나보자.

열여덟 살에야 자폐 진단을 받은 케일리는 "학교에서나 집에서나 튀는 모습을 보이면 괴롭힘을 당했고, 항상 남들과 다르다는 생각에" 자라면서 위장을 많이 했다고 느꼈다. 위장 덕분에 껄끄러운 환경에 "녹아들 수" 있었다. 진단 이후, 남들의 시선이 닿지 않는 "안전한 공간"이자 사랑하는 사람이 함께하는 집에 있을 때만큼은 위장하지 않을 수 있었다. 이때, 나 자신에게 공감한다는 핵심 기법을 활용했다. "예전 일을 떠올리고 곰곰이 생각한 다음 어린 시절의 자신에게 사랑을 담뿍 주고 공감해 줬다." 그러자 "'자기 모습'을 내보여 어려움을 겪은 탓에 생겼던 마음의 짐을 덜 수 있었다". 이제 정말 위장해야 할 때는 나중에 "자기를 돌보고 잠시 쉬는 시간을 가지면서" 부정적인 영향에 맞서려고 노력한다.

고백할 게 있다. 이번 장이 써 내려가기 가장 어려웠다. 뭘 읽든 '자기 공감'과 '마음챙김'이라는 말만 봐도 당장 덮어버리고 싶었다. 남들에게 공감하는 법을 생각하는 건 쉽지만, 나 자신이 대상이 되는 순간 굉장히 어려워진다. 사교 활동을 하며 저지른 모든 실수에 자책하고 남들을 맞춰주려고만 한다면 나 자신에게 공감하는 게 그 무엇보다 힘들 수 있다.

'공감compassion'이라는 말은 '함께cum'와 '고통받다pati'라는 두 라틴어에서 유래해 '함께 고통받는다'라는 의미를 품고 있다. 공감하면 고통이 무엇이냐는 동정을 넘어서서 감정을 이입해 그 고통을 느끼기까지 한다. 자기 공감의 첫 단계이자 가장 중요한 행위는 나 자신의 고통을 인지하고 느끼는 것이다. 어떻게 하면 될까? 단순히 나 자신과 그간 거쳐 온 삶을 살펴보고 이루지조차 못할 높은 기준을 들이대지 않으면서 남들에게 하듯 나 자신을 용서하면 된다. 친구가 실수를 저지른다면 여러분은 알아채지도 못할 것이고, 안다 해도 위로하거나 별일 아니라고 할 것이다. 그렇다면 우리는 비슷한 실수를 하고서 왜 하늘이 무너진 것만 같은 기분이 들까? 끊임없이 위장하려 하다가 떠안고 만 우울함과 불안감 탓에 자기 공감 역시 마치 전투처럼 어렵게 느껴지기 때문이다. 우리는 매일 자책하고 예전 일을 곱씹으며 자기 공감 능력을 억누른다. 그래서 뇌부터 바꿔야 한다. 더 이성적이고 공감할 줄 아는 존재로 거듭나게 해줄 전략을 억지로라도 적극적으로 연습해야 한다.

왜 공감이 위장에 중요할까? 위장은 2장에서 살펴본 것처럼 정신적으로 부정적인 결과를 아주 많이 가져오고, 우리가 평생에 걸쳐 마음속에 자기비판을 들이붓게 한다. 카테리나 함 박사는 정신 건강과 행복을 담보로 하더라도 살아남기 위해 위장한다는 것을 깨달은 내담자를 정기적으로 만난다. 나와 대화를 나누면서는 불안감에 전보다 훨씬 더 위장하며 대처하려 하지만 결국 더 우울하고 불안하기만 한 악순환에 어떻게 빠지는지 설명했다. 그리고 이를 점점 위장 장비를 더

해가며 순전히 무게에 짓눌려 실제로는 아예 알아볼 수 없게 되는 군인에 비유했다. 수치심을 줄이고 자신에게 더욱 공감하면 불안감은 줄어들고 그와 함께 위장 욕구 역시 줄어들 것이다. 우리가 위장을 한 꺼풀씩 벗겨낼 때마다 부담감은 물론이고 위장을 유지하는 데 필요한 자원 역시 덜어내는 셈이다.

폴 길버트 교수는 저서 『공감하는 마음The Compassionate Mind』(2009)에서 우리 뇌에서 다양한 시스템이 서로 충돌하며 작동하는 방식을 설명하고, 그로 인해 발생하는 문제 대다수를 나 자신에게 더 공감하는 연습을 통해 어떻게 극복할 수 있는지 풀어낸다.[83] 우리가 기본적으로 가지고 있는 감정 시스템인 '기존의 뇌Old brain'는 수천 년 동안 모든 종에서 작동했다. 주로 위험으로부터 우리를 보호하기 위해서였다. 위험한 일이 생기면 우리를 어르고 달래주는 시스템까지 죄다 멈추고 '(위험에 대한 반응인) 투쟁 도피Flight or fight'가 나설 준비를 한다. 그러나 이제 '기존의 뇌'는 종종 현실에서 동떨어져 있거나 별 도움이 안 된다. 예를 들어, 우리는 사회적 실패 후 절로 안 좋은 기분이 들어 남들 주위를 겉돌거나 그들과 통하는 구석이 없다고 생각할 수 있다. 다른 종과 달리 인간들 사이에서는 '새로운 뇌'가 진화했다. 덕분에 우리는 언어를 발달시키고 상징적 사고를 하게 된다. 그 결과 1장에서 살펴본 것처럼 사회적 환경 속에서 살아가고 개인 그리고 집단 측면에서 미래를 상상하며 미리 계획할 수 있다. '새로운 뇌'가 탄생하면서 삶을 이어나가는 동안 계속 새로운 것을 배우며 끊임없이 뇌를 변화시키는 능력을 지니게 된 것이다. 다만 우리도 모르는 새에 이 둘이 충돌하면 위험하다. '새로운 뇌'가 그리는 미래는 대체로 '기존의 뇌'가 가진 위험 시스템을 활성화해 불안감과 우울함을 몰고 온다. 말실수하거나 중요한 낌새를 놓쳐 사람들 앞에서 당황할지도 모른다는 두려움을 예로 들어보자. 사회적 상황 속에서 여러분이 상상했던 시나리오가 '기존의 뇌'를 자극해 두려움을 일으킬 것이다. 여러분이 남들의 행동을 관찰하면서 자신의 사회적 연기가 어땠는지 떠올리며 남과 자주 비교하고 있다고 해보자. 그러면 '기존의 뇌'는 열등감, 하찮음과 같은 부정적인 감정을 더 많이 끌어낸다. 진정한 공감이란 '기존의 뇌'에서 빠져나와 기존의 뇌가 일으킨 반응을 편견 없이 평가하는 것이다. 우리는 무턱대고 자신의 감정을 믿고 정당화하며 감정이라는 존재에 거의 의문을 품지 않는다. 우리는 결정을 내릴 수 없을 때 '직감을 따르라'고 조언한다. 그러나 그 대신 직감을 무시하고 더 공감하라고 해야 한다. 폴 길버트 교수는 마음을 쓰고 공감했던 경험을 기억하며, 감정을 피하지 말고 솔직하게 받아들이고, 자신과 남을 비난하기보다 품어줘야 한다는

등 공감의 속성과 기술을 다양하게 소개한다.[84]

임상 심리학자인 피오뉴알라는 자폐 성인들이 위장 욕구를 줄일 수 있도록 도운 적이 있다. 그녀는 "오명과 수치심에서 헤어 나오라"고 제안한다. 많은 자폐인이 자라면서 자신의 행동을 본 남들의 부정적 반응을 경험했다. 그러나 경험을 달리 생각하는 방법을 배우고 자기 공감을 키워나가면 남들의 반응을 보고 자책하는 일을 멈출 수 있다. 그녀는 이렇게 말했다. "자신을 더 포용하고 자랑스러워하며 스스로 공감하는 자세가 도움이 될 수 있고, (가끔 보이는) 남들의 부정적인 반응에 괴로워하지 않을 수 있습니다." 그리고 "남들과 다르다는 사실에 솔직하도록" 노력해야 한다고 주장했다. 여러분의 욕구를 미리 알리면 '연기'해야겠다는 생각과 다름을 숨겨야겠다는 압박감을 조금은 덜어낼 수 있다. 사회에서 점차 신경 다양성Neurodiversity을 인정하고 있는 것 같지만, 나 자신의 다름을 견디지 못하는 사람과 마주했을 때 자책하지 말아야 한다. 마지막으로 그녀는 이렇게 제안한다. "남들 때문에 상처 입고 지칠 때 비밀을 털어놓을 동지들이 있으면 나를 알아주고 지지해 주는 사람들이 있다는 느낌을 받을 수 있습니다."

　자기 공감에서 항상 느끼는 어려움 중 하나는 다소 추상적으로 느껴진다는 것이다. 나는 자기 공감이 어떻게 나를 바꿔주고 내 삶에 도움이 된다는지 이해할 수 없었다. 그래서 공감이 무엇인지 이해해 보려 과학과 함께하는 여정을 시작했고, 충격적인 증거와 마주했다. 신경과학자 올가 클리메키Olga Klimecki 교수는 공감 기반 훈련을 하면 인간의 고통을 보여주는 영상을 시청하던 참가자들이 경험한 부정적인 영향을 뒤바꿀 수 있다는 사실을 알아냈다.[85] 게다가 감정, 의사 결정, 보상 관련 행동과 연관된 뇌 영역이 더 활성화된다. 연구진은 공감 기반 훈련을 통해 공감적 고통Empathic distress을 극복하고 회복탄력성을 높이는 새로운 대응 전략을 획득할 수 있다고 결론지었다. 피오나 애시워스Fiona Ashworth 박사는 공감을 통해 환자들의 기분이 좋아질 수 있는지 알아보려 임상 실험을 진행했다. 그리고 동료들과 뇌 손상을 겪고 심리적으로 괴로워하는 환자들이 공감 집중 치료를 받고 나서 불안감, 우울함에 덜 시달리고 자책을 덜 하며 스스로 마음을 다스리는 것을 발견했다.[86] 이렇듯 자기 공감은 최근에 등장해 잠시 잠깐 기분을 좋게 해주는 비현실적인 개념이 아니라 어엿이 존재하며 정신 상태를 근본적으로 바꿔주는 도구다. 따라서 공감을 연습할수록 뇌가 변하면서 회복탄력성과 공감 능력이 커진다.

폴 길버트 교수는 저서에서 비판을 경험할 때 어떻게 고립감을 느끼게 되는지 보여주는 슬픔의 순환을 그려낸다.[87] 우리는 비판을 마주하면 자책하는 동시에 호감을 사기 위해 행동까지 바꿔야겠다는 동기를 느껴 남에게 낼 화를 꾹 참다가 우울함에 시달리게 된다. 심리학자 지크문트 프로이트Sigmund Freud 역시 화를 참았을 때 우울함이 생긴다고 주장했다.[88] 달리 말하면 남의 호감을 사고 싶을 때 그들에게 화가 나 있다는 사실을 들키고 싶어 하지 않는다는 말이다. 나는 이런 순환을 위장에 적용해 그림 4.1과 같은 흐름을 떠올려 봤다.

길버트 교수는 남들의 비판이 사실이 아니고 어쩌면 이제는 우리와 관련이 없다는 것을 이해하는 게 슬픔의 순환을 깨는 중요한 단계라고 말한다.[89] 그러나 행동으로 옮기기 매우 어려울 것이다. 우리는 지금껏 남을 먼저 생각하고 어르고 달래며 맞춰주려 애썼다. 어쩌면 스스로 공감받을 만하다고 생각하지 않을 수도 있다. 나는 치료사들이 나 자신에게 더 친절해지라고 했을 때, 종종 '아니, 왜요?'라고 반문했다. 그런 친절을 경험할 만한 일을 한 것 같지 않았기 때문이다. 그저 내 기분에 맞춰 들을 자격 없는 관대한 칭찬을 해 스스로를 망치는 것 같았다. 실은 전혀 그렇지 않다. 공감의 핵심 요소는 우리를 괴롭히는 고통을 향한 세심함과 동정이다. 이 것은 건강을 위해서도 꼭 필요하며 그냥 지나쳐도 되는 호사 가 아니다. 어떻게 공감하는지는 잠시 후에 알아보고, 우선 우리가 지금껏 나 자신을 어떻게 판단했으며 시간이 지나면 서 어떤 사고 오류에 빠졌는지 파악해 보자.

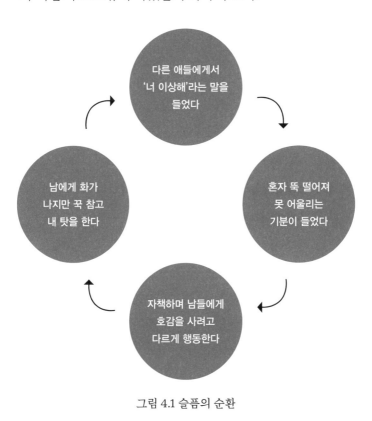

그림 4.1 슬픔의 순환

생각의 힘

남의 평가는 이미 지나간 일이라 바꿀 수 없지만, 지금 우리가 자신을 평가하는 것만큼은 다르게 할 수 있다. 우리 마음속 비판의 소리에 대처하려면, 먼저 무엇을 비판하는지 들어봐야 한다. 비판의 내용을 파악하고 나서는 표현을 바꿔 공감을 더해야 한다. 자기 공감을 연습해야 행복을 지탱해 주는 뇌 부위가 활발하게 작동한다. 어쩌면 나중에는 연습 없이도 공감과 행복을 경험할 수 있을 것이다.

우리는 이전 장에서 위장 욕구를 느낀 상황을 파악하며 그에 따른 기분과 행동까지 살펴봤다. 여러분이 지금 그림 3.1에 있는 '생각' 상자에 집중한다면 그간 품고 있던 몇 가지 흔한 자동적인 생각들을 알아낼 수 있을 것이다. 나는 예전에 썼던 메모를 보고서 "내가 싫어서 무시하나 봐", "내가 말실수해서 화났나 봐", "내가 뚱해 보여서, 이상한 말을 해서 관심이 없는 줄 아나 봐"라고 생각했던 걸 알 수 있었다. 그리고 "왜 나는 남들 같을 수 없을까?", "결코 남들처럼 될 수는 없을 거야"라는 생각이 늘 이어진다. 왜 남들은 내 '다름'에 맞춰주거나 나만큼 노력을 기울이지 않아도 되나 싶어 경멸과 분노가 일기도 한다. 그러나 곧바로 주체할 수 없이 우울해졌다가 이내 심드렁해진다. 가끔 나는 위장하는 게 호감을 사려고 하는 건지 아니면 뭔가 잘못했다는 생각을 떨치려고 하는 건지 모르겠다. 이렇게 예전의 내가 한 말과 행동을 다시 생각할 때 다가오는 버거운 고통을 이겨내는 게 나 자신을 있는 그대로 드러내는 법을 배우는 데 있어 가장 어려웠다. 그래서 내가 이 모든 활동을 건너뛰고 곧바로 자신을 드러내라고 하지 않았던 것이다. 결과보다 과정이 더 중요하고, 장기적으로 봤을 때 위장이라는 장벽을 의식하며 조금씩 허무는 게 나은 것 같다.

다음 표를 보고 여러분이 품은 자동적 생각을 떠올려 보자. 3장의 마지막 활동처럼 상황을 먼저 생각하고 그에 따른 생각을 떠올리는 게 쉬울 것이다. 표에서 회색으로 표시한 '새로운 생각'은 지금 떠올리지 않아도 좋다. 조금 있다가 다룰 예정이다.

★ 상황에 따라 떠오르는 자동적인 생각

상황/생각 유발 요인	자동적 생각	새로운 생각
예: 어제 우연히 마주친 친구에게 안부 묻는 걸 깜빡했다	'내가 이기적이라고 생각할 거야.' '내가 신경도 안 쓴다고 생각하겠지.' '안부를 안 물어봐서 서먹해진 것 같아.' '대화하는 법을 잊어버렸어.' '대화하면서 이 일을 바로잡아야 해.' '나를 더는 친구로 생각하고 싶지 않을 거야.' '난 정말 바보야.'	

자동적 생각을 어떻게 바꿀지 알아보기 전에 자칫 빠질 수 있는 흔한 사고 오류를 간단히 알아볼 필요가 있다. 인지행동치료(CBT)에서 사고 오류는 부정적인 결과를 초래하는 잘못된 생각 패턴으로 정의된다.[90] 보통 이런 생각은 근거 없이 진실을 왜곡한 것에 불과하다. 이 흐름을 깨지 않고는 자책을 공감으로 바꾸기 꽤 어려울 것이다.

긍정적인 일 무시하기: 사고 오류 중 첫 번째는 부정적인 것에만 집중하는 행위다. 앞에 있는 표를 보면, 나는 친구에게 안부를 묻지 않았다는 스스로 저지른 오류 하나에 집중했다. 질문도 몇 개 오가면서 대화가 더없이 즐겁게 흘러갔는데도 말이다. 나는 대화에서 긍정적이었던 부분을 무시하고 부정적인 것에만 집중했다. 이는 인지 편향Cognitive bias이라고도 하며 우울함과 불안감에 시달리는 사람들이 흔히 저지르는 오류다.

걷잡을 수 없이 상황 부풀리기: 표를 보면, 친구가 나를 더는 친구로 생각하고 싶지 않을 거라 판단한 것을 알 수 있다. 그러나 안부 한 번 안 물어봤다고 해서 이런 일이 일어날 확률은 매우 낮다. 내가 상황을 과장한 탓에 별거 아닌 실수가 눈덩이처럼 불어나 심각한 결과를 초래했다.

예언자적 사고: 여기서 알 수 있는 또 다른 사고 오류는 미래에 무슨 일이 일어날지 안다고 생각하는 것이다. 나는 아주 어렸을 때 기억을 가지고 친구가 더는 나를 좋아하지 않을 거로 예측하고 있다. 사실에 근거하지 않고 부정성 짙은 자동적 생각을 바탕으로 최악을 상상한 것이다.

독심술적 오류: 이 오류는 아마 그럴 리 없겠지만 우리가 남이 뭐라고 생각하는지 안다고 생각하는 것이다. 나는 앞서 소개한 상황에서 실제 증거도 없으면서 친구가 나보고 이기적이고 신경도 안 쓴다고 생각할 것이라 가정한다. 부정적인 자동적 생각에만 얽매인 결과다.

잘못된 명명: 나는 '바보'라고까지 하며 부정적으로 상황을 정의했다. 이 오류는 자신에 관해 부정적인 믿음을 품고 모든 일에 적용하는 것이다. 나는 바보처럼 보일까 봐, 사람들이 그렇게 생각할까 봐 너무 두려워서 내가 망쳤다는 느낌이 들 때마다 이런 오류를 저지르는 것 같다.

지나치게 높은 기준 잡기: 또 흔하게 볼 수 있는 사고 오류는 항상 완벽해야 하고 그렇지 않으면 쓸모없다는 생각이다. 앞서 소개한 상황에서 나는 분명 내가 누구보다도 완벽해야 하고, 아니라면 친구로서 소용이 없을 거라는 생각을 한다. 그러나 완벽이라는 기준은 실수 하나로 무너졌다. 게다가 그것은 친구에게 들이댈 일은 더더욱 없는 기준이다.

자책: 내 생각 패턴을 보면, 평소와 달라 보였던 친구 모습에 자책하고 있는 것을 알 수 있다. 내가 모르는 친구만의 문제가 아니라 내 사회적 오류 때문인 게 틀림없다는 생각이다. 당시 친구가 마주했을 수도 있는 일을 모두 무시하고 나 자신만을 문제 요인으로 보고 있는 것이다.

사실이라고 생각하기: 나는 내가 바보인 데다가 잘못한 게 나라고 생각한 끝에 결국 그게 사실인 줄 알고 있다. 우리는 종종 자기 생각과 감정에 의문을 품지 않고, 일단 경험하면 그게 사실이라고 생각한다. 그러나 지금껏 살펴본 사고 오류에서 드러났듯 사실과 동떨어져 생각과 감정을 믿을 수 없을 때도 있다.

당위적 명령: 마지막으로, 내가 대화를 완벽하게 하는 법을 '알아야만 했다'고 생각한 것을 알 수 있다. 역시나 현실성 떨어지는 고민이다. 과거를 돌이켜보면 해야 할 일을 알았을 때도 있지만, 항상 모든 것을 실수 없이 똑바로 해야 한다고

생각하는 건 현실적이지 않다. 게다가 이런 생각이 우리 자신을 실패로 이끈다.

공감이란 이런 사고 오류를 너그러이 동정하며 깊이 생각해 보는 것이다. '나는 제대로 생각도 못 하나 봐!'라는 식으로 자책하며 여러분의 실패 목록을 늘리려는 게 아니다. 여기서 기억할 게 있다. 우리는 그간 이런 식으로 생각하도록 진화했다. 다 우리 자신을 보호하기 위해서였다. 이런 생각을 알아채고 인정하면 반대로 몰아내기 시작할 수 있다. 상황에 따른 감정과 생각을 적어놓고 편견 없이 평가하는 것도 가능하다. 이때 자신의 강점까지 생각하며 자기편이 돼 공감하는 게 좋다. 나는 앞서 소개했던 상황을 이렇게 다시 써봤다.

> 어제 친구와 우연히 마주쳤을 때, 깜빡하고 안부를 묻지
> 않았다. 친구는 물어봤는데 말이다. 정말 이기적이고
> 예의 없어 보였을까 봐 걱정하고 있다. 어제 대화 이후로
> 친구에게서 답장도 못 받고 좀 이상하다. 이제는 친구 취급
> 못 받을까 봐 정말 불안하고, 친구와 남들처럼 상호작용할 수
> 없던 나 자신에 화가 치민다. 예전에 생각과 달리 예의 없다는
> 소리를 들은 것과 관련이 있나 싶고, 이제는 남들이 나를 보고
> 뭐라고 생각할지 두렵다. 그러나 어제 대화는 정말 짧았고

친구와 예상치 못하게 마주친 거라 좀 당황해서 뭔가 많이 못 물어볼 만했다. 난 평소에 속 깊다는 말을 듣는 편이고, 항상 남들을 챙기며 안부를 묻는다. 게다가 친구와 마주쳤을 때 이직하고 나서 어떠냐며 잊지 않고 물어봤다. 지난주에 우리 엄마가 몸이 안 좋다고 했었는데, 그 친구는 우리 엄마 안부를 안 물어봤다고 걱정하고 있을까? 만약 그렇다면, 전혀 걱정할 필요 없다. 생각도 못 했고 친구 출근길에 정말 잠깐 대화했기 때문이다. 아마 답장도 그래서 못 받은 것 같다. 친구는 이직하고 새 직장에서 일하느라 신경 쓸 게 많아서 나와 마주쳤을 때 서로 무슨 말을 한지조차 생각나지 않았을 것이다.

사고 오류를 깨부수는 데는 오류를 알아채고 대체하는 것만 한 게 없다. 여러분도 자동적인 생각을 표에 적어보고 어떤 사고 오류를 적용하고 있는지 알아보기 바란다. 그런 다음에야 원래 하던 생각을 바꾸고 다시 적어볼 수 있다. 앞서 봤던 것과 똑같은 표에서 회색으로 표시한 '새로운 생각'에 바뀐 생각을 채우면 된다. 또다시 표를 실으면서 여러분에게 어떤 생각을 적으면 될지 알려주기 위해 내 생각을 예로 들어봤다. 새로운 생각을 떠올리는 게 버겁고 인위적으로 느껴질 수 있다. 그러나 자동적인 습관으로 자리 잡힐 때까지 무언가를 의식하며 반복적으로 해야 할 때도 있는 법이다. 여러분이 매일 무슨 생각을 하는지 적고 여기에 반대 의견을 내는 일기를 썼으면 한다. 새로운 생각을 떠올릴 때는 자책과 가정을 피하고 공감하며 상황을 바라봐야 한다. 여러분처럼 생각하는 친구에게 무슨 말을 해줄지 생각해 본다면 쉽게 접근할 수 있다. 아마 그런 친구에게 절로 공감하며 반응하고 친구의 행동이 생각만큼 나쁘지는 않았다며 안심시키려 할 것이다. 친구가 정말 실수를 저질렀어도 이겨내도록 힘을 실어주게 된다.

여러분이 이 활동을 통해 어떤 식으로 심하게 자책했는지 일부나마 생각해 봤으면 좋겠다. 자기 공감을 키우는 데 도움이 되는 실질적인 활동이 여럿 있지만, 우리가 누구와 있든 다 망쳐버리는 끔찍한 사람이라고만 생각한다면 전혀 효과가 없다. 자기비판과 부정적인 생각에 대처하는 데 도움이 되는 활동도 많이 있다. 더 알아보고 싶다면 데니스 그린버거Dennis Greenberger 박사와 크리스틴 페데스키Christine Padesky 박사의 저서인 『기분 다스리기』(2018, 학지사)를 추천한다.[91] 이어서, 부정적인 생각과 함께 찾아오는 어려운 감정을 어떻게 관리하는지 살펴보자.

★ 상황에 따라 떠오르는 자동적인 생각

상황/생각 유발 요인	자동적 생각	새로운 생각
예: 어제 우연히 마주친 친구에게 인부를 묻는 걸 깜빡했다	'내가 이기적이라고 생각할 거야.' '내가 신경도 안 쓴다고 생각하겠지.' '인부를 안 물어봐서 서먹해진 것 같아.' '대화하는 법을 알아둬야겠어.' '대화하면서 이 일을 바로잡아야 해.' '나를 더는 친구로 생각하고 싶지 않을 거야.' '난 정말 바보야.'	'작은 실수 하나 한 것뿐이고, 친구가 눈치챘다 해도 전에 비슷한 실수를 저지른 애라 이해할 거야.' '그 실수 말고는 대화가 잘 흘러갔고, 친구에게 일은 어떠냐고 물어봤어.' '서로 지나가던 길에 나눈 짧은 대화였을 뿐이야. 그러니까 물어볼 걸 다 챙기지 못한 게 그리 중요하지 않아.' '그 친구와는 몇 년 동안 알고 지냈는데, 말이나 행동 실수 때문에 나와 절교하려고 했던 적은 없었어.' '친구가 스트레스를 받았거나 지쳐서 평소와 달라 보였던 거야.' '나는 이 상황에서 최선을 다했고 작은 실수 하나 한 건 중요하지 않잖아.'

상황/생각 유발 요인	자동적 생각	새로운 생각

고통 감내력

공감을 학습할 때 큰 문제는 앞서 말했듯 회피하지 말고 버거운 감정에 대처해야 하는 것이다. 여러분은 자신이 될 수 있으면 부정적인 감정을 피한다는 사실을 발견할 수도 있다. 누군가의 마음을 상하게 했다거나 남에게 거부당하는 건 꽤 큰 상처로 다가온다. 그래서 남이 실망하게 하지 않으려 애쓰며 부정적인 감정을 피하고 항상 '거절을 모르는 자세'를 취하면서 진짜 감정을 숨기는 게 더 쉽게 느껴질 수 있다. 그러나 이것은 나 자신에게 공감하는 것과 정반대다. 공감할 줄 아는 자아는 부정적인 감정을 피하지 않고 지나가는 모습을 지켜본다. 이것은 변증법적 행동치료(DBT)의 초석이 된 기법으로, 매우 강렬한 감정을 경험하는 사람에게 적용하는 일종의 인지행동치료(CBT)다.[92] 이제, 고통을 조절하도록 도와 결국 나 자신을 향한 공감 능력을 높여주고 그만큼 위장 욕구를 줄여줄 수 있는 몇 가지 간단한 기법을 소개하려 한다. 그러나 고통과 감정을 조절하는 고통 감내력이 부정적인 감정보다 더 큰 문제라면, 변증법적 행동치료를 시행하는 치료사의 도움을 고려해 볼 수 있다(www.findatherapist.co.uk).

먼저 버겁다고 느끼는 부정적인 감정과 그에 따른 반응을 적어보자. 다음 표를 통해 부정적인 감정을 느낄 때 얼마나 견딜 수 없으며 어떻게 반응하는지 알아낼 수 있다. 여기서 나는 전에 어려움을 겪었던 상황을 예로 들었다. 당시 나는 직장에서 동료들을 앞에 두고 강연해야 해서 매우 불안했다. 강연일이 다가올수록 조마조마한 심정이었다. 감정을 억누르고 상황을 피하려 노력하는 식으로 반응했고, 결국 몸이 편치 않아 병가를 내야 했다. 강연을 피하자 그간 느꼈던 압박감이 풀린 듯 곧바로 마음이 편안해졌다. 그러나 장기적으로는 직장인으로서 자존감과 자신감에 영향을 받았다. 동료를 실망시켰다며 죄책감을 느꼈고 다음 강연을 훨씬 더 걱정하게 됐으며 전반적으로 실패했다는 생각이 들었다. 나 자신을 위해 감당할 수 없는 걸 뻔히 아는 상황을 피하는 게 좋을 때도 있지만, 이번에는 아니었다. 견딜 수 없는 불안감을 덜어내고 싶었을 뿐이었다.

★ 부정적인 감정과 그에 따른 반응

부정적 감정	견딜 수 없는 수준 (0~5)	그에 따른 반응
불안감	4	감정을 멎게 해보려 노력했고 그 일로 남과 상의하는 것조차 피했다. 결국, 몸이 너무 편치 않아 강연 당일 병가를 내야 했다.

견딜 수 없을 것 같던 감정과 대처 방식을 확인했으니 이런 반응을 일으키는 믿음이 무엇인지 이해할 필요가 있다. 대체로 '이성을 잃고 말 거야', '내 능력 밖이야', '이런 식으로 느끼는 건 안 좋은데'라는 믿음이 깔려 있다. 나는 앞서 소개한 상황에서 이런 믿음과 함께 즉시 불안감을 멎게 해야지 그렇지 않으면 영원히 불안할 거라 생각했다. 사람들은 흔히 이런 감정을 조금이라도 덜어내려 스스로 상처를 준다. 그러나 우리의 믿음과 반응이 부정적인 감정보다 더 해로울 수 있다. 자해가 해로운 건 말할 필요도 없지만, 감정을 피하거나 무디게 하는 것 역시 마찬가지다. 결국, 긍정적이고 즐거운 다양한 감정을 놓치게 되는 것과 같다. 여러분은 앞으로 비슷한 상황이 생기면 감당할 수 없을 텐데 또 있을까 두려워하며 어떻게 반응할지 고민할 것이다. 자신에게 고통을 마주하고 기존 믿음에 반기를 들 기회를 주지 않는 태도다. 고통에서 빠져나갈 방법은 하나뿐이고, 안타깝게도 쉽지 않다.

감정에서 느낄 수 있는 고통을 받아들이는 것을 전폭적 수용Radical acceptance이라고 한다.[93] 고통을 그저 받아들이는 것이지 좋아하는 걸 의미하는 건 아니다. 이는 편견 없이 부정적인 감정을 바라보고 지나가게 하는 행위를 포함한다. 만약 여러분이 고통스러운 감정 때문에 고생하고 있다면, '마음챙김과 심상'을 다룬 문단에 있는 간단한 마음챙김 활동을 해보기 바란다. 이외에도 괴로울 때 나 자신을 코칭하는 기법을 사용할 수도 있다. 자신을 괴롭히는 감정을 피하거나 무디게 하는 대신에 이어서 소개하는 간단한 흐름을 따르면 된다.

기분이 어떤가?

가슴이 벌렁거리고 기분이 너무 이상하다. 아무래도 불안한 것 같다.

감정을 받아들이자

괜찮다. 이 감정을 감당할 수 있다. 때가 되면 저절로 사라질 테니 감정을 없애려 할 필요가 없다. 이 감정을 지켜보다 어디로 흘러가는지도 볼 것이다. 나는 내 감정 그 자체가 아니고, 감정 때문에 상처받지 않을 것이다. 지금 감정은 그저 역을 지나치는 기차처럼 지나갈 것이다.

현재에 집중하자

하던 일에 집중하면서 호흡, 소리, 냄새에 주의를 기울여 본다.

같은 감정을 다시 느낀다면?

또다시 불안감에 휩싸이겠지만, 괜찮다. 왔다 갔다 하는 그 감정을 그저 또 보고 있기만 할 것이다.

기분이 어떤가?

....

....

....

....

....

감정을 받아들이자

....

....

....

....

....

현재에 집중하자

....

···

···

···

···

같은 감정을 다시 느낀다면?

···

···

···

···

···

물론, 지금 소개한 기법은 과학처럼 정밀함을 자랑하진 않는다. 게다가 여러분이 차이를 느끼려면 여러 번 시도해야 할 수도 있다. 그러니 즉시 나아지지 않아도 실패했다고 생각하지 말자. 우리는 저마다 달라서 전략 역시 달라야 할 수 있다. 내가 처음으로 고통 감내력을 알게 된 날, 가장 큰 문제는 감정에 이름표를 붙이고 읽어내야 하는 것이었다. 여러분은 어쩌면 3장에서 살펴봤던 상황, 생각, 감정, 행동 다이어그램(그림 3.1)에 더 집중해야 할 수도 있다. 감각마다 어떤 생각이 함께하는지 알아두면 감정을 파악하기 더 쉬울 때도 있기 때문이다.

일단 마음에 귀 기울여 고통을 알아내고 받아들여야 하지만, 결국 우리가 원하는 건 개선이다. 이때 핵심은 고통을 피하거나 없애려 했던 행동을 반대로 하는 것이다. 위장 행동에도 적용해 보고 효과가 있는지 알아보자. 나는 사람들과 낯선 곳에 가는 걸 꺼릴 때가 있다. 너무 불안해하다가 사람들 앞에서 위장이 풀릴까 봐 무섭기 때문이다. 생각만으로도 불안하고, 마지막까지 불안감을 이겨내지 못할 걸 알기에 어떤 계획도 세우지 못한다. 회피다. 회피하면 불안감을 덜어낼 수는 있지만, 더 멀리 내다보면 새롭고 신나는 경험을 할 수 없고 남들에게 실망을 안겨 나 자신이 쓸모없다고 생각하게 된다. 게다가 앞으로 비슷한 일이 생기면 똑같이 불안할 거라며 점점 더 겁을 먹는다. 지금과 정반대로 행동한다면, 이 상황이 흘러가게 놔두고 내 고통이 어디로 지나가는지 관찰하며 낯선 곳을 마주할 것이다. 그러나 이 기법을 자폐인에게 맞게 바꿀 필요가 있다. 비자폐인은 상황을 마주하고 예상만큼 불안하지 않다는 사실을 알 수 있지만, 자폐인에게는 이게 그리 간단하지 않다. 우리 자폐인이 이상한 감각을 호소하고, 사회적 소통을 어려워하며, 변화에 대처하기 힘들어하는 등 특정 환경에 민감하게 반응하는 데는 신경생물학적 이유가 있다. '두려움을 오롯이 느끼되 멈추지 말고 앞으로 나아가라'는 말에 힘을 얻고 많은 비자폐인이 두려움을 극복했지만, 자폐인에게는 '두려움을 오롯이 느끼되 마음의 준비가 됐을 때 조금씩 적응하며 앞으로 나아가라'고 해야 할 듯하다. 그래서 나는 여러분에게 그간 피했던 것을 몰아서 하는 게 아니라 할 수 있는 만큼 조금씩 해나갈 계획을 짜라고 하고 싶다. 낯선 곳을 잘 알고 믿을 만한 사람 한 명과 같이 가는 식으로 시도하면, 결국 점점 더 많은 사람과 나아갈 수 있을 것이다. 치료사의 도움을 받아도 좋다.

회피나 다른 해로운 대응 기제에 어떻게 대처하기로 하든 제때 나 자신을 다독여 고통이 아닌 정반대의 기분을 느끼고 평온해지도록 도와주는 행동을 하는 것 역시 중요하다. 가장 좋아하는 피짓 토이를 만지작거리거나 욕조에 몸을 담가서, 아니면 그림을 그리거나 즐겨 보는 텔레비전 프로그램을 시청하며 마음을 달랠 수 있다. 이때, 여러분은 자신에게 공감해야 하고, 기대보다 못한 결과를 얻어도 자책하지 말아야 한다. 그리고 다음 표를 이용해 고통 개선 활동이 얼마나 잘 이루어지는지 기록해 보자.

★ 고통 개선 활동 모니터링

고통 개선 활동	내가 겪은 일	깨달은 것
예: 우리 고양이 쓰다듬기	불안감이 여전히 들락날락했지만, 딴생각을 할 수 있었다. 고양이를 쓰다듬다가 멈추자 다시 불안해졌지만, 잠깐 마음이 편해졌다.	내가 왜 괴로웠는지 잠깐 잊은 걸 보니 고통이 영원히 나와 함께하지는 않을 것 같다.

앞에서 살펴봤던 모든 활동처럼, 고통 개선 활동 역시 계속 연습해야 효과를 볼 수 있다. 연습하다 보면, 고통을 견디는 법을 저절로 터득하고 무엇을 해야 도움이 될지 알게 될 것이다. 이번 활동이 유용했다면, 임상중재센터Centre for Clinical Interventions 웹사이트에 방문해 더 많은 활동을 시도해 보자 (www.cci.health.wa.gov.au).

마음챙김과 심상

마음챙김은 몇 푼 안 들이고 쉽게 할 수 있는 치료법 중 하나이자 이번 장에서 소개했던 활동에 잘 맞는 환상적인 파트너다. 그러나 사람에 따라 굉장히 안 맞을 수도 있다. 내 경우, 마음챙김과의 첫 만남이 그리 성공적이지 않았고 이후로도 네 번 더 똑같은 결과를 얻었다. 그래서 완전히 포기하고 마음챙김은 나 같은 사람에게 안 맞는다고 생각했다. 색깔과 다양한 이미지를 떠올리라는 둥 추상적인 게 참 어려웠다. 그동안 내면의 부정적인 목소리가 계속 속삭이고 기억의 저편에서 이런저런 생각을 꺼내 집중할 수가 없었다. '너 학교에서 넘어졌던 거 기억해? 지금 그 일을 떠올려 보면 딱 좋을 것 같은데.' 나는 마음챙김에 담긴 원리가 무엇인지 책을 좀 더 읽어본 후, 끝까지 지도해 주는 사람이 있는 체계적인 환경에서 한 번 더 해보기로 했다. 그렇게 주말에 마음챙김을 하러 집을 나섰다. 그리고 그날 이후로 마음챙김을 열렬히 믿게 됐고, 몸과 마음에 긍정적인 변화가 이는 모습을 목격했다. 이제는 불안하고 지칠 때, 그런 감정을 억누를 수도 있다.

마음챙김이란 명상으로 현재의 환경, 감정, 감각을 의식하는 행위이며 수천 년 전부터 우리 곁에 있었다. 1970년대에 서양에 모습을 드러낸 후 경험 연구의 대상이자 다양한 생리적, 심리적 문제 중에서도 특히 불안감과 우울함을 해결할 치료법으로 채택됐다.[94] 마음챙김은 정신 수양이지만, 연구에 따르면 신경생물학적 특성을 바꿔 우리가 현재에 더 주의를 기울이며 고통을 일으킨 예전 사건에 덜 얽매이게 해준다고 한다.[95] (주의력을 담당하는) 전대상피질Anterior cingulate cortex 과 (감정 조절을 담당하는) 전두변연계Fronto-limbic network에서 신경 연결이 변하는 뇌가소성Brain plasticity에 영향을 준다는 증거도 있다.[96] 마음챙김이 자폐인들에게 주는 영향을 다룬 여러 연구를 분석한 결과, 실험참가자 모두 본인들 생각에 상당히 행복해했다고 한다.[97] 따라서 마음챙김은 불안감을 덜어내 사회적 상황에서 보다 통제력을 느끼고 두려움과 부정적인 기억보다는 현재에 주의를 기울이는 좋은 방법일 수 있다.

여러분은 몇 분간 조용히 있을 수 있는 곳이라면 어디서나 할 수 있는 간단한 호흡 명상부터 시작해 볼 수 있다. 고통 감내 활동을 하면서 너무 괴로울 때 해도 좋다.

마음을 가라앉히는 간단한 명상법

1. 의자에 똑바로 앉아 눈을 감은 채 두 발을 바닥에 단단히 붙이고 발바닥에서 전해지는 기운을 느껴보자.
2. 호흡을 느끼면서 주변의 냄새나 소리에 집중해 보자.
3. 숨을 크게 들이마시고 10초간 참았다 내쉰 다음, 원래대로 편하게 호흡한다. 몇 번 반복한다.
4. 발가락부터 시작해서 머리끝까지 바짝 긴장했다가 차례차례 풀어 준다.
5. 어떤 생각을 했든 마음속에 들이고 쫓으려 하지 말자. 그저 의식하면서 그 생각이 역에 정차했다 떠나는 기차처럼 마음을 지나쳐 가는 모습을 상상해 보자.

명상할 때 마음을 어지럽히는 생각이 들어도 괜찮다. 나 자신에 공감하는 자세를 가지고 그런 마음이 왔다 가는 것을 보며 다시 명상에 집중하도록 하자. 폴 길버트 교수는 애써 편안한 상태에 접어들려 하지 말고 대신 현재에 주의를 기울이면 저절로 편안해질 거라 말한다.[98] 도움과 지도가 필요하다면, (헤드스페이스Headspace처럼) 명상과 마음챙김을 다룬 좋은 애플리케이션이 여럿 있으니 참고하면 된다. 동네나 온라인에 개설된 수업에 참여할 수도 있을 것이다.

명상에 익숙해지면 마음챙김에 심상을 더하고 싶을 수도 있다. 어떤 장면이나 상황을 상상하면 마치 실제로 경험하는 것처럼 뇌에 영향을 줄 수 있다.[99] 그래서 이미 지나간 부정적인 일을 곱씹고 앞으로 일어날지 모를 안 좋은 일에 얽매이는 것에서 헤어 나올 방법을 알아내야 한다. 뇌가 현실과 상상을 항상 구분할 줄 아는 건 아니기 때문이다.[100] 더 긍정적인 시나리오와 환경을 상상하면, 행복과 편안함이라는 감정과 관련된 신경 연결이 강화되면서 그런 상황이 실제로 일으킬 감정을 재연할 수 있다.[101] 나는 즐겨 하는 명상 하나를 여기에 단계별로 실어놨다. 때에 따라 다르지만, 명상 시간은 보통 5분에서 15분 정도다. 처음 다섯 단계는 앞서 소개했던 '마음을 가라앉히는 간단한 명상법'과 같고, 이후 심상을 더하는 단계가 두 개 더 있다. 그중 첫 단계는 예전에 행복하고 편안함을 느꼈던 장소인 자신만의 안전 장소를 상상하는 것이다. 이때 나는 종종 방학을 맞아 갔던 화창한 해변을 떠올린다. 어떤 장면인지, 무슨 일이 있었는지, 어떤 냄새가 났고 소리가 났는지, 무슨 느낌이 들었는지 자신에게 들려주자 (별로 어렵지 않게 해낸다면, 소리 높여 말해보자). 이어서 앞으로 스트레스를 일으킬 수 있는 일을 떠올린 후, 일이 잘 풀려 평온함을 유지하는 자기 모습을 그려보자. 이때 나는 출근하는 걸 생각하며 그 옛날 해변에 있었을 때처럼 편안하다고 상상한다. 모르는 사람들이 와서 말을 거는 너무 버거운 상황을 상상할 땐 나 자신이 얼마나 평온할지 그려본다.

이 활동을 하고 나면, 불안감을 더하는 상황에 앞서 정신적으로 단단해질 것이다. 그런 상황이 일어날 때 나쁜 기억과 고통이 밀려드는 대신, 평온함이 찾아올 것이고 여러분의 투쟁 도피 시스템 역시 덜 자극받을 것이다. 우리는 사회적 상황 속에서 불안감과 투쟁 도피 시스템 때문에 위장이라는 대응 기제를 사용한다. 자폐 특성을 감춰 다름과 열등감에서 생기는 불안감을 피해보지만, 결국 기운만 실컷 빼고 미래를 향해 두려움을 키우게 된다. 마음챙김은 투쟁 도피 시스템을 다스리는 좋은 방법이며 우리가 노력하다 번아웃에 빠지지 않게 도와줄 수 있다.

심상을 더해 마음을 가라앉히는 명상법

1. 의자에 똑바로 앉아 눈을 감은 채 두 발을 바닥에 단단히 붙이고 발바닥에서 전해지는 기운을 느껴보자.

2. 호흡을 느끼면서 주변의 냄새나 소리에 집중해 보자.

3. 숨을 크게 들이마시고 10초간 참았다 내쉰 다음, 원래대로 편하게 호흡한다. 몇 번 반복한다.

4. 발가락부터 시작해서 머리끝까지 바짝 긴장했다가 차례차례 풀어 준다.

5. 어떤 생각을 했든 마음속에 들이고 쫓으려 하지 말자. 그저 의식하면서 그 생각이 역에 정차했다 떠나는 기차처럼 마음을 지나쳐 가는 모습을 상상해 보자.

6. 예전에 행복하고 편안한 기분이 들었던 때를 떠올려 보자. 어떤 장면이 펼쳐졌는지 자신에게 들려주고 기분이 어땠는지 생각해 보자.

7. 이제 걱정스럽거나 스트레스를 받을 만한 미래의 한 장면을 떠올려 보자. 6단계에서 생각했던 것처럼 편안하고 평온하다고 상상하며 이 상황 역시 술술 풀릴 것이라 생각하자.

더 큰 그림 그려보기

우리 자폐인에게는 대개 남들 눈에 띄지 않는 세세한 것까지 보는 능력이 있다. 정말 멋진 기술이지만, 결국 '더 큰 그림을 그리는' 능력을 해친다. 세부사항에만 집중하다가 전체 맥락을 무시할 수 있다는 의미다. 앞에서 나는 우연히 한 친구와 마주쳤던 사회적 상황에서 경험한 부정적인 생각을 예로 들었다. 친구와 나눈 짧은 대화에서 깜빡하고 안부를 안 물어봤다는 사소한 부분에만 집중한 나머지 전체 대화가 긍정적으로 흘러갔다는 사실을 무시했다. 세부사항에 집중하는 타고난 성향과 자기비판적인 생각이 합쳐지면, 부정적인 데 집중하고 있을 수 있다. 우리의 뇌가 더 큰 그림을 받아들일 수 있게 도와주는 한 가지 방법은 어떤 상황에서든 긍정적인 시각과 함께 균형을 맞추는 것이다.

카테리나 함 박사는 정기적으로 환자들에게 자신의 삶을 살펴보고 하루 동안 일어나는 모든 일을 기록하라고 한다. 뭔가 잘못될 때 기록을 보면 전체 맥락이나 그 밖에 무슨 일이 있었는지 생각해 볼 수 있다. 여러분이 직장에서 고된 하루를 보내고 퇴근했는데 너무 지쳐서 아무것도 해낼 수 없을 것 같은 기분이 든다고 해보자. 그러면 남들이 뭐라고 생각할지 걱정하면서 이번 생은 망했고 주변 사람들보다 나을 게 없다는 온갖 부정적인 생각을 재차 확인한다. 그러나 하루에 있었던 다른 일을 떠올리고 비교 대상을 자기 자신으로 옮긴다면, 여러분은 난관에 봉착한 것 치고 하루를 꽤 훌륭하게 보냈다는 사실을 알게 될 것이다. 아마 전날 밤잠을 설치고, 온종일 정신없이 바빠서 입에 뭘 넣을 시간도 없었고, 상사의 지시를 받아 갑자기 몇 가지를 수정해야 했고, 사무실에 처음 보는 사람이 있었고, 아니면 몸이 안 좋았을 수 있다. 모두 통제 밖에 있는 일이지만, 여러분의 기분과 자체 성과 평가에 영향을 크게 미칠 수 있었을 것이다. 따라서 일기를 보고 지치는 날에도 나 자신을 위해 저녁을 차리고 목욕을 하며 친구에게 답장까지 보냈다는 사실을 알면 이번 생이 망했다며 손 놓고 있는 대신 실제로 꽤 많은 일을 해냈고 긍정적인 것도 몇 개 성취했다고 결론짓게 된다. 이제 물어보자. 오늘 하루 한 일과 함께 앞을 가로막고 선 어려움을 생각할 때, 나는 하루를 얼마나 잘 보냈을까? 다음 표와 같이 일기를 쓰면, 실패했다는 생각에 휩싸일 때마다 다른 관점에서 하루를 되돌아볼 수 있을 것이다. 이런 식으로 하루를 파악하면, 사소하고 부정적인 일에만 집중하기보다 더 큰 그림을 그릴 수 있다.

★ 나의 성취 일기

날짜	오늘 해낸 일	어려웠던 일
2022년 8월 5일	정시에 일을 시작했다. 모든 이메일에 답장했다. 저녁거리를 사러 갔다. 저녁을 만들어 먹고 텔레비전도 봤다. 샤워했다. 밤 11시 전에 잠자리에 들었다.	전날 밤잠을 설쳤다. 내일 있을 회의가 걱정됐다. 배우자가 지금 집을 비웠다.

이외에도 매일 아침 일어나 기대하는 일 세 가지를 정하고, 하루를 마무리하며 그날 있던 일 중 긍정적인 일 세 가지를 떠올리는 것 역시 큰 그림을 그리는 데 도움이 된다. 주체할 수 없을 정도로 신날 필요는 없고 즐거운 저녁 시간이나 화창한 날씨와 같이 일상적인 것을 생각해 볼 수 있다. 쉽게 여러 개를 떠올릴 수 있는 날이 있는 반면, 머리를 쥐어 짜내야 하는 날도 있을 것이다. 그래도 긍정적인 일에만 집중해야 한다. 불안감과 우울함에 휩싸여 최악의 하루를 보냈더라도 객관적으로 따졌을 때 긍정적이었던 일을 생각해 보자. 여러분은 예쁜 꽃 한 송이와 어리광 부리는 반려견을 보고 미소 지었을 수도, 아니면 집 밖에 나가 장보기에 성공했을 수도 있다. 혁신적일 일이 아니어도 된다. 긍정적인 일 세 가지를 우리 부부처럼 매일 밤 얘기해 봐도 좋고, 일기장에 쓰거나 머릿속에 떠올려도 된다. 자신에 맞게 활동을 조절할 수 있고, 도움이 되지 않는다면 다른 방법을 시도해 볼 수 있다.

이번 장에서는 마음을 다스려 내면에 도사리는 위험 시스템을 잠재우는 동시에 자책을 삼가고 공감을 더 많이 하도록 고안된 활동들을 살펴봤다. 여기서 소개한 활동을 연습하다 보면, 스트레스와 불안감이 줄어들 것이다. 단, 자신의 사회적 '결점'과 실패에 집중해야 한다. 다시 한번 말하지만, 불안하고 우울할수록 대응 기제로 위장이 두터워질 것이다. 가면을 벗어 던질 연습을 하기 전에 평온한 상태에서 나 자신에게 공감할 줄 알아야 한다. 위장을 줄일 마음이 없더라도, 활동을 통해 마음을 더 잘 돌보고 사회적 상황 속에서 경험하는 스트레스를 줄일 수 있을 것이다. 어떤 활동은 아마 어려울 것이다. 생각의 흐름을 새로 이어나가는 건 쉽지 않고 몇 년이나 연습해야 할 수도 있다. 여기서 소개한 활동이 맞지 않다면, 다른 걸 시도해 봐도 좋다. 내가 소개한 것은 개인적으로 유용했던 것 중 일부에 불과하다. 무엇이 잘 맞는지 꾸준히 탐색하고, 나 자신에게 더 친절해질 수 있는 방법을 찾아보자.

주요
내용

- 자신에게 더 공감할 줄 안다는 것은 편견 없이 감정을 받아들인다는 의미다.
- 우리 자신을 향해 공감 수준을 높이면, 위장을 부추길 수 있는 불안감과 우울함을 개선하는 데 도움이 된다.
- 자동적 생각 패턴은 대체로 오류를 담고 있어, 우리

는 우리 자신의 생각을 사실로 받아들일 수 없다.

- 이런 생각을 더 현실적이고 긍정적인 생각으로 대체해 새로운 생각 패턴을 만들어낼 수 있다.

- 가끔 우리는 너무 고통스러워서 감정들을 피하지만, 그러면 장기적으로 더 큰 어려움을 겪을 수 있다.

- 마음챙김을 연습하면 현재에 집중하고 감정을 조절하도록 도와주는 뇌 부위의 신경 연결이 바뀐다.

- 세세한 세부사항을 따지는 대신 큰 그림을 그려보면 부정적인 것에 과하게 집중하는 대신 맥락 속에서 우리 자신의 어려움이 무엇인지 파악할 수 있다.

가면을 벗고 행복을 찾아서

5

· 이번 장 미리 보기 ·

굳이 자폐 특성을 감추지 않으면서 자기 자신과
정체성을 보다 자세히 알기 위해 즐겨 하거나,
했던 활동을 발견하면 어떤 기분일지
안전하게 알아보는 법을 배울 것이다.

주요 용어

인지적응모형 Cognitive Adaption Model

삶을 위협하거나 큰 충격을 안긴 사건을 겪고 나서 신념을 조정하고 경험 속에서 의미를 찾는 과정

지금까지 위장이 무엇인지, 어떤 영향을 주는지 살펴보며 그에 따른 불안감과 우울함을 줄이는 방법을 살펴봤다. 여정의 다음 단계는 실제로 가면을 벗어 던지고 위장을 줄이는 연습을 하는 것이다. 여러분은 여기까지 거치며 실제로 위장을 줄이지 않겠다고 결심했을 수도 있다. 어쩌면 위장이 많은 장점을 가져다주고, 방해보다는 도움이 됐을지 모를 일이다. 그런 결정을 내려도 좋다. 우리가 저마다 다르며 다양한 반응을 보인다는 사실을 인정한다. 그래도 정신 건강까지 확실히 챙기려면 지금까지 이야기했던 활동을 해보기 바란다. 이번 장에서 살펴볼 활동들은 위장을 풀면 어떨지 시험하고 여러분 자신을 재발견할 기회를 제공한다. 남이 뭐라고 생각할까 두려워서, 아니면 사회적 상황에 따라 가면을 계속 쓰고 있기엔 너무 지쳐서 그간 멀리했던 활동과 관심사가 있을 것이다. 여러분은 지원받을 수 있는 안전한 환경에서 자신을 잘 이해해 주는 사람들과 함께 위장을 푸는 연습을 해야 한다. 그러다 보면 낯선 상황에서 여러분이 모르는, 아니면 여러분을 모르는 사람과 함께 이런 활동을 시도할 만큼 자신감을 느끼게 될 것이다. 단, 거절당할 위험이 있으니 조심스레 시작해야 한다. 우리가 자신을 바꿔나가며 위장한 이유가 바로 거절과 낙인 때문에 생긴 사회적 트라우마와 두려움이라는 사실을 기억하자. 따라서 가장 먼저 우리 자신을 보호하고 스스로에게 공감해야 한다.

케일리는 위장하지 않으면 "해방감"을 느낀다고 말했다. 이어서 자신을 드러냈을 때 "너무나 개운하다"고 했고, 항상 그랬으면 좋겠다고도 했다. 특히 자신만의 특별한 관심사에 집중하고 "아무것도 아닌 일에 될 듯이 기뻐할 수 있는 순간"을 즐긴다고 한다.

또한, 자폐인들이 위장이 얼마나 흔한지 알아야 한다고 하며 "시간이 걸리긴 하지만 애초에 위장을 초래한 상처는 치유가 된다"고 말했다. 그리고 이렇게 제안했다. "위장하고 있다고 생각하는 개성 가운데 사소한 것부터 서서히 드러내세요." 이어서 온라인이든 오프라인이든 가면을 벗어 던지는 여정을 지지해 줄 "따뜻하고 다정한 공동체"인 자폐인 모임을 통해 다른 자폐인들에게 다가가 보라고도 했다.

기억 저편에 있던 행복 끄집어내기

20대 초반에 자폐 진단을 받고 나서, 충격적이게도 실제로 무엇을 즐기고 있었는지 더는 알 수 없었다. 내 모든 행동이 체크하며 '해야만' 하는 일인 것 같았다. 나는 친구를 '만나야' 했고, 파티에 '가야만' 했다. 영화를 '봐야만' 했고, 책을 '읽어야' 했으며, 휴가를 '가야만' 했다. 이런 문제를 조금이나마 해결하려 미술 치료를 시작했을 때도 특정한 것을 특정한 방식으로 '그려야만' 한다고 느꼈다. 친구를 만나는 게 진짜 즐거웠냐는 질문에 솔직히 '네'라고 대답할 수 없었다. 대신 "그랬던 것 같아요"나 "아니요, 그렇지만 어울리는 데 성공하는 게 즐거워요"라고 했다. 겉으로는 내 인생이 인스타그램 게시물처럼 완벽해 보이는 것 같았지만, 더 깊이 들어가면 내가 원하던 모습이 아니었다.

대학에 입학하면서 난생처음 집을 떠나려고 짐을 싸야 했을 때가 기억난다. 그때까지 나는 항상 부들부들한 인형을 끼고 잤다. 얼굴에 대고 비비던 바로 그 보드라운 곰 인형 프레드였다. 이런 게 '상동행동'이며 많은 자폐인이 즐겨 하며 마음을 다스리는 활동이다. 나는 '유치한 장난감'을 끼고 즐거워했다는 사실을 깨닫고 당황한 나머지 우리 프레드를 집에 놓고 갔다. 그리고 정말 고생했다. 지독한 우울함에 집 밖으로 나갈 수 없는 날도 있었다. 낯선 사람이 열여섯 명이나 있다면 누구라도 감당하기 어려웠겠지만, 아직 자폐인지도 모르던 내게는 악몽 그 자체였다. 지나고 보니 잠 못 이루는 밤에 힘이 돼주고 완전히 혼자라고 느낄 때 곁에 있어주는 존재를 순전히 친구들이 어떻게 생각할지 부끄러워하고 나처럼 어린애 같은 욕구를 가진 친구가 또 없을까 봐 내 손으로 놓고 온 것이었다. 자폐라는 사실을 알고 나서 아끼고 즐겨 찾던 것을 멀리해 봐야 마음까지 어떻게 할 수는 없고, 그럴수록 살면서 마주하는 더 큰 문제에 대처하기 어렵다는 걸 깨닫고서야 프레드를 제자리에 가져다 났다. 한때는 보드라운 인형이 필요한 단계에서 '졸업할 수 있을 것'이라고 생각했지만, 더는 그렇게 생각하지 않는다. 사실, 프레드는 원래 모습을 잃었다. 닳아 떨어진 귀 하나와 입만 남았다. 그렇지만 프레드와 비슷한 보드라운 새 인형이 그 자리를 대신하고 있다.

나와 프레드의 일화는 위장이 보이는 한 모습에 불과하다. 3장에서 자폐 특성을 어떻게 감췄는지, '어울리기 위해' 어떻게 자신을 위장하려 했는지 조금이라도 확실히 발견했기 바란다. 늦게 자폐 진단을 받으면, 무엇을 좋아하고 즐기는지 알았던 예전 자아를 다시 가지기가 꽤나 어렵다. 그래도 해결책이 아예 없는 어려운 문제는 아니다. 우리가 구축하고 있는 새로운 정체성은 사실 그간 오랫동안 남들에게 맞춰주고 그들과 어울리려고 우리 자신을 조금씩 바꾼 결과다. 늦게 진단받은 자폐 성인의 경험에 주목한 연구에 따르면, 실험참가자 중 다수가 정체성을 다시 쌓아 올릴 수 있다고 한다. 그러나 자폐인지 모른 채 지금과 같은 정체성을 가지고 살아온 탓에 자폐라는 새로운 시각에서 자기 삶을 바라보느라 힘들어했다.[102] 따라서 새롭게 정체성을 찾으려 할 때는 작은 단계를 하나하나 밟아야 한다. 다음 문단에 내가 적은 것처럼 정말 행복했고 나 자신을 있는 그대로 드러냈을 때가 언제인지 먼저 떠올려 본 다음, 좋아하는 활동이 무엇이며 어디서 평온함을 얻는지 적어보자.

내 생애 가장 행복했던 순간은?

예: 열두 살 여름 방학이었다. 친한 친구들 몇 명이 있는 조용한 마을에서 부모님, 오빠 둘과 함께 개를 데리고 지냈다. 따뜻한 날이었고 금방 잠에 들기 아까웠다. 게다가 학교에 안 가도 돼서 너무 좋았다.

· ·

....

....

....

좋아하는 활동은?

예:

◆ 재미로 팀 스포츠 하기

◆ 아동용 텔레비전 프로그램 시청하기

◆ 친구들과 온종일 자전거 타고 동네 돌아다니기

◆ 혼자 컴퓨터 게임하기

◆ 음악 듣기

◆ 청소년 소설 읽기

◆ 수영하러 가기

....

....

....

....

감당하기 힘든 기분이 들거나 속상할 때 자신을 다독이려 하는 일은?

예:

◆ 부드러운 곰 인형 껴안기
◆ 이야기 상상하기
◆ 물놀이하거나 물속에 몸 담그고 있기

···

···

···

···

　행복했던 순간을 떠올리는 게 몹시 어려울 수도 있다. 많이들 어린 시절을 떠올리겠지만, 그 시절이 트라우마로 얼룩진 사람들도 있을 테니 말이다. 그래도 걱정할 필요 없다. 살면서 진짜 자신을 드러냈다 싶었을 때가 없어도 당시 무엇을 즐겨 했는지는 알고 있었을 것이다. 여러분의 행복한 순간은 아주 짧은 시간이었을 수도, 심지어 눈 깜짝할 새 지나갔을 수도 있다. 앞에서 소개한 상황은 열두 살이던 해에 맞이했던 여름 방학이다. 나는 분명 당시 어린 시절 내내 겪던 일상적인 불안감에 시달리고 있었지만, 가장 행복했던 순간을 꼽으라면 여러 기억 중에서 이때를 첫 번째로 떠올린다.

만약 진짜 좋아하는 것과 진정한 자신을 알아내기 어렵다면, 좀 멋쩍어도 행복을 안겨줬던 활동을 다시 해보자. 우리는 '어린애 같은 관심사' 탓에 미성숙하다는 소리를 듣기도 하지만, 이런 활동을 하면 안심하고 안전하게 지내던 어린 시절 기분을 다시 느낄 수 있다. 뭔가를 반복해서 한다는 것은 익숙하고 즐긴다는 의미다. 한 마디로, 안전한 것이다. 나는 몇 년 전 라운더스 동호회에 가입하기가 어쩐지 불편했지만, 유튜브에 들어가 예전에 좋아하던 텔레비전 프로그램을 보기 시작했다. 또한, 옛날 비디오 게임 중 몇 개를 다운로드해 게임 속 세상에 푹 빠진 채 플레이하기도 했다. 압박도, 규칙도 없이 즐거움만 느끼면 됐다. 자신감이 조금 붙고 나서는 체육관에 가서 수영도 했다. 그러나 계속 이어나갈 만한 활동만 있는 건 아니었다. 일부는 어린 시절만큼 재밌지 않았다. 드라마 〈마법소녀 사브리나〉도, 청소년 소설도 예전보다 덜 재밌었지만, '덜 위장하던' 나 자신이 어땠는지, 무엇을 즐기는지 잘 알았던 과거의 나를 되찾았다. 그리고 이때부터 예전 관심사 중 일부에 살을 붙이며 새롭게 즐겨볼 활동을 찾을 수 있었다.

비키는 스스로 자폐라고 진단했다. 그리고 "직장에서 진지해 보이려고", 주변 사람들을 당황하게 하지 않으려 위장한다고 했다. 그러나 위장 탓에 "지쳤고", 잘 해내지 못했다는 생각이 들면 "불안감"에 휩싸였다. 집에서 진짜 자기 모습을 드러낼 때 마음이 편했다. "마음대로 빙그르 돌면서 춤도 출 수 있었다." 게다가, 어떤 모습을 하든 남편과 아이들의 사랑이 변치 않을 거라는 생각에 큰 힘을 얻었다.

비키는 위장하지 않는 건 어떤 기분이고 남들에게 어떤 조언을 하겠냐는 질문에 남들이 받아들일까 조마조마하지만 "자유롭고 신나면서도 진정한 즐거움을 느낀 나머지 그만… 슬퍼진다"고 밝혔다. "필요할 때만 위장하고 그렇지 않다면 자기 자신을 드러내 보이라"고 권하기도 했다. 또한, 자기 관리가 중요하며 위장한다고 해서 자신처럼 가끔 행복감과 정신 건강에 부정적인 영향을 받는 건 아니라고 조언했다.

이어서 소개할 '마음을 다독이는 즐거운 활동 목록'을 보면, 남들을 의식하느라, 아니면 단지 너무 힘들어서 멀리했을 관심사와 활동 몇 가지를 파악할 수 있다. 전부 살펴본 후,

전에 하다 그만뒀거나 하고 싶어도 어떻게 보일까 해서 주저했던 일에 체크해 보자. 마음을 달래주고 반복적인 특성이 있어 관심 가는 게 많을 것이다. 그러나 우리 자폐인들은 바깥세상에서 자폐인 티를 내고 싶지 않아 그런 일에 관심을 끊는다. 이 와중에 상동행동은 남들 눈에 뻔히 보인다. 같은 행동이나 소리가 반복되기 때문이다. 자폐 아동에게 자폐 기질을 숨기라며 줄이라고 하는 것도 바로 상동행동이다. 일반적으로 손뼉치기, 흔들기, 물건 만지작거리기, 씰룩대기 등이 있고 중얼거리고 휘파람을 부는 것처럼 소리를 내는 것도 있다. 이제 우리는 자폐 기질을 숨겨도, 부모님이나 보호자가 아무리 (치료비를 쓰거나) 노력해도 자폐 자체에 변화가 없다는 사실을 안다. 나이를 먹고 위장하며 상동행동을 억누르는 법을 배우면서 무심결에 하던 행동을 의식하게 될 수 있다. 그러나 상동행동이 자폐의 증상이라고 생각하는 건 문제가 있다. 옳지 않다. 무언가의 증상이라기보다는 내게 맞춰주지 않는 환경에 어울리면서 엄청난 불안감을 경험하는 자폐인들의 대응 전략에 가깝다. 감각 입력Sensory input과 불확실성을 조절하는 데 도움이 되는 즐거운 활동이기도 하다. 스티븐 캅Steven Kapp이 동료들과 함께 자폐 성인의 상동행동을 주제로 실시한 연구에서도 잘 드러난다.[103] 실험참가자들은 상동행동을 '버티기 힘든 환경', '감각과부하', '어지러운 생각',

'억제할 수 없는 감정'에 대처하는 자기 통제 기제Self-regulatory mechanism라고 했다. 그러나 상동행동 탓에 낙인이 찍히자 그런 행동은 혼자 있을 때만 하고, 혼자가 아닐 때는 춤을 추는 식으로 남들 보기 괜찮게 바꿨다고 밝혔다. 그리고 자폐인들이 상동행동을 스스럼없이 할 수 있도록 비자폐인들이 포용하고 이해해 줘야 한다고 주장했다.

나는 보드라운 물건을 만지작거리고, 끙끙대고, 눈썹처럼 대칭을 이루는 신체 부위를 씰룩거리는 상동행동을 하는 탓에 남의 말을 언제나 못마땅해하는 것처럼 보인다. 그러나 자라면서 남을 덜 의식했고 상동행동이 어려운 상황 속에서 어떻게 평온함을 가져다주는지 더욱 알고 싶었다. 지난 몇 년간 자폐와 ADHD를 겪는 많은 성인이 상동행동을 강화하는 피짓 토이에 빠졌다. 나도 그랬다. 피짓 스피너(손개비), 탱글 토이, 스트레스 볼과 같은 피짓 토이는 우리가 사는 세상의 주류인 비자폐인의 손에도 들어가 주의력 향상에 도움을 주고 있다.[104] 남들 앞에서 상동행동을 할까 봐 아직 조금 불안한 자폐인들에게는 그런 마음을 달랠 수 있는 좋은 방식이기도 하다. 다음 목록에는 상동행동을 포함해 대신 해볼 만한 활동이 적혀 있다. 처음에는 혼자 하다가 자신감이 붙으면 사람들 앞에서 해보는 식으로 목록에 적힌 활동을 해보기 바란다.

★ 마음을 다독이는 즐거운 활동 목록

활동	중단했거나 '혼자서'는 무서워서 안 하지만, 하고 싶은 일	중단했거나 '남들 시선'이 무서워 안 하지만, 너무 하고 싶은 일
피짓 토이 가지고 놀기	☐	☐
상동행동 하기	☐	☐
노래 부르기	☐	☐
악기 연주하기	☐	☐
음악 듣기	☐	☐
춤추기	☐	☐
그리거나 만들기	☐	☐
사진 찍기	☐	☐
스크랩북 만들기	☐	☐
수집하기	☐	☐
아동용 영화나 텔레비전 프로그램 시청하기	☐	☐
아동용 도서 읽기	☐	☐
컴퓨터 게임 하기	☐	☐
특별한 관심사를 알아보고 거기에 푹 빠져 시간 보내기	☐	☐
동물 친구를 쓰다듬어 주거나 같이 놀기	☐	☐
상상의 나래 펼치기	☐	☐
레고나 다른 블록 장난감 조립하기	☐	☐
기타:	☐	☐
기타:	☐	☐
기타:	☐	☐
기타:	☐	☐

처음으로 자폐라는 말을 들었을 때, 특별한 관심사도, 수집한 것도 없는데 내가 어째서 자폐라는지 너무나도 당황스러웠다. 예전에 어떤 영화에서 '자폐 남성'이 숫자와 날짜에 빠져 있고, 당연히 기차에도 집착하는 모습을 보여 자폐인이라면 다 그럴 거라는 편견이 있었기 때문이다. 그러나 '정상'처럼 보이려고 엄청나게 위장하고 있었을 뿐, 내게도 특별한 관심사가 있었다. 책이며 장난감은 남들과 달라 보이지 않았지만, 심리학, 종교, 다른 문화에 관해 모든 걸 알고 말겠다는 내 집착은 무척 학구적이었다. 이제는 다 자라고 나서 자폐라고 진단받는 많은 자폐인이 그간 특별한 관심사를 숨겼거나 남들 눈에 '정상적인' 일상 활동처럼 위장했다는 걸 안다. 차이는 관심을 가지는 정도와 그로부터 느끼는 편안함에 있다. 책 수집은 비자폐인에게 즐길 만하고 자부심이 생기는 활동이지만, 우리 자폐인에게는 구세주다. 불확실하기만 한 세상에서 집중할 수 있는 대상이며 피난처이자 진정한 즐거움과 자기 가치를 느낄 수 있게 해주는 몇 안 되는 기회 중 하나다. 여러분도 자신만을 위해 진정한 즐거움과 위안을 안겨주는 활동을 다시 하기 바란다. 우리 자폐인들은 지금껏 주변에 맞추다 우리 자신의 관심사와 활동을 바꾸고 때로는 욕구를 못 본 체하며 살았다. 이제 가면을 벗어 던지고 남의 기준에 맞추지 않는 '진정한 자신'이 되는 연습을 해보자.

이제 여러분은 예전에 즐겼거나 하고 싶었던 활동이 뭔지, 피하던 활동이 뭔지 감을 잡았을 것이다. 일부를 시작해 보자. 서서히 받아들여 혼자서 슬금슬금 해보다가 자신감이 붙으면 남들 앞에서도 해보자. 그리고 어떤 기분이 드는지, 더 하고 싶은지 다음 형식처럼 기록하도록 하자. 도움이 되라고 적어놓은 몇 가지 예도 살펴보기 바란다.

★ 마음을 다독이는 즐거운 활동 결과 정리

활동	연습 방법/장소	결과는? 다시 하겠는가?
피젯 토이	일할 때 집중하려고 직장에 피젯 토이를 가져가서 손에 쥐고 만지작거린다.	피젯 토이를 가지고 나간 후 처음엔 조금 당황했지만, 그걸 만지작거려도 아무도 신경 쓰지도, 뭐라 하지도 않는 것 같았다. 피젯 토이와 함께 있으니 회의에 조용히 참석하고, 일에 더 집중할 수 있었다. 그래서 앞으로도 피젯 토이를 계속 가지고 다닐 생각이다.
수집	가장 좋아하는 영화의 피규어를 모으고 목록을 만들려고 한다.	정말 즐거웠다. 이미 없고 또 낭비나 하는 것 같지만, 목록을 살펴보며 빌 또 수집할지 계획하는 게 너무나도 기대됐다. 아빠가 보고 어린이 같다며 한 말씀 하셨지만, 다 큰 어른도 피규어를 많이들 산다. 게다가 신반에 피규어가 줄지어 선 모습을 보면 뿌듯하다.

어떤 기법이든 연습할 때는 이전 장에서 살펴본 공감 기반 활동과 함께해 나가야 한다. 그러면 생길지 모를 불안감이나 우울함을 조절하고 마음챙김 역시 할 수 있을 것이다. 만약 연습 중인 여러분에게 부정적이거나 편견이 담긴 반응을 보이는 사람이 있다면 여러분이 어떤 일을 겪었고 무엇을 원하는지 통찰이 부족한 경우다. 모른다는 말이다. 이런 사람들에게 뭐가 잘못인지 구구절절 설명할 수도 있지만, 신경 끄고 여러분이 하는 일이 정상적이며 꽤 멋지다고 생각하는 다른 자폐인들이 있다는 걸 기억하자. 우리 자폐인들의 활동을 보고 어린애 같다거나 쓸모없다고 판단하는 사람들은 알고 보면 대개 자기 욕구부터 충족이 안 돼 어려움을 겪는다. 비자폐인 역시 위장해야겠다고 느끼면서 다른 사람인 척할 때 남들이 근심 걱정 없이 즐겁게 지내는 걸 보면 질투하기 쉽다. 여러분이 남에게 자기 상태를 터놓고 말할 수 있다면, 잘된 일이다. 그러나 위장을 풀기 시작한 지 얼마 안 돼 설명할 준비가 안 됐다면 삐딱하게 바라보는 사람들을 피하거나, 최소한 여러분의 관심사와 활동에 관해 대화를 피하는 게 좋다. 남들에게 인정받으려고 위장하느니 자신의 편에 서서 더 건강한 방식으로 자신을 보호해야 한다.

가면 벗어 던지기 실험

이 여정의 마지막 단계는 책 속에 있는 활동을 통해 알아낸 자신에 관한 모든 사실을 일상 상황에 적용하는 것이다. 이번에도 자신에게 공감하며 조심스레 해야 한다. 서두르지 말자. 오랫동안 쌓인 위장을 벗기는 것 역시 기나긴 여정이 될 것이다. 나는 2013년에 자폐라고 진단받고 나서 지금까지 위장을 풀어내는 여정을 이어왔고, 현재도 진행 중이다. 시간이 지날수록, 진짜 자아를 되찾으려고 노력하고 치료받을수록, 정신 건강 문제가 점점 줄었다. 알람이라도 맞춘 것처럼 6개월마다 찾아오던 게 이제는 기껏해야 2년에 한 번씩 고개를 든다. 다른 요인도 있지만, 분명 위장을 줄이고 나서 매일매일 스트레스를 적게 받는다. 빨리 쌓일 수도 있지만 말이다. 예전에는 넘칠 듯 물이 가득한 컵처럼 살고 있던 터라 스트레스를 조금만 받아도 곧바로 무너져 내렸다. 위장을 풀고 점차 컵을 비워내자 다양한 일을 하고도 스트레스를 더 많이 견딜 수 있었다. 그렇게 다른 일에 더 에너지를 쏟게 되었고, 이 책을 쓰는 것처럼 더 즐거운 일을 해나가는 것이 가능해졌다.

베스는 위장 때문에 자신이 "가짜"인 것 같고 "진짜

자아를 보여주는 것 같지 않다"고 했다. 그러나 "이목을 끌지 않고, 멀쩡해 보이는" 등 안전함을 느끼려면 특정 상황에서만큼은 위장해야 했다. 안 해볼 수도 있었지만, 그건 베스를 잘 알고 "어떤 행동을 해도 이해해 줄" 사람들 곁에서만 가능했다. 그녀는 위장을 풀려고 할 때 사용했던 기법 세 개를 강조했다.

— 꼭 해야 할 일을 하도록 의식하기
— 주변 사람들이 자신을 잘 알고 어떤 상황에서도 이해해 준다는 사실 떠올리기
— 사회적으로 뭔가 망쳤을 때 자책하지 않기

가장 효과적인 기법 중 하나는 행동 실험이었다. 행동 실험은 내담자가 자신과 남에 관한 믿음을 시험하고 새로운 믿음을 강화하는 증거를 모으기 위해 인지행동치료(CBT)에서 사용하는 흔한 기법이다.[105] 행동 실험을 통해 여러분은 두려워하고 있을지 모를 특정 상황을 서서히 접하면서 밀려드는 감정에 힘들어하는 대신 실질적이고도 체계적으로 문제에 접근할 수 있다. 과학 실험처럼 가설을 세우고 시작하면 된다. '특정 상황에서 특정 방식으로 위장하지 않는다면 무슨 일이 벌어질까?' 질문을 만들고 답을 예측한 뒤 시험해 보

면서 위장하지 않을 때 일어날 것 같은 끔찍한 일들이 현실에 펼쳐질지, 펼쳐진다 해도 생각만큼 견딜 수 없을 정도인지 알아볼 수 있다. 다른 활동보다 복잡한 편이니 몇 가지 예를 함께 살펴보자. 뒷장의 표를 보면, 내가 했던 한 행동 실험의 결과까지 알 수 있다.

표에 나오는 상황에서 나는 직장에서 요구 사항을 숨김없이 다 말하면 얕보일 거라는 가설을 세웠다. 까다로워서 같이 일 못 하겠다고 생각할 관리자와 관심에 목마른 거냐며 바라볼 동료들의 모습이 떠올랐다. 이게 사실인지 알아내기 위해 관리자를 실험에 끌어들였다. 평소에 신뢰하고 있었기 때문이다. 그는 나를 지원해 주고 최대한 성과를 끌어내야 했을 테니 직장에서 어느 정도 권한을 가지고 나를 도와줄 수 있는 사람이었다. 실험 결과는 긍정적인 편이었다. 괜히 말을 꺼냈나 싶었지만, 그런 생각은 관리자와 대화하며 이내 사라졌다. 사실 동료들과 관리자에게 내게 필요한 것을 알려 평온하게 지내면서 나 자신을 더욱 드러내는 게 직장에서 어울리는 데 도움이 되는 것 같았다. 실험 삼아 곧장 팀 전체에 요구 사항을 전달할 수 있었지만, 가설을 조심스레 시험해 보고 예측대로 흘러간다면 나 자신을 보호하고 싶었다. 만약 여러분도 직장에서 비슷한 실험을 하고 싶다면 신뢰하는 사

행동 실험 예시 1

상황	예상되는 일은?	일어를 방법은?	실제로 일어난 일은?	소감
어떻게 하면 감당하기 어려운 감정이 밀려올 때 갈 수 있는 조용한 곳과 개인 사무 공간이 필요하다는 말을 합당하게 할지 고민하고 있다.	이런 요구 사항을 밝힌다면, 직장에서는 내가 다루기 까다로운 사람이라고 느끼고 제용할 걸 후회할 것이다. 개인 사무 공간과 조용한 곳이 생긴다면, 동료들이 나를 관심에 목마른 사람이라고 생각할 것이다.	나는 곧 관리자와 만나 내 요구 사항을 전달할 예정이며, 이를 충족할 수 있는 방법에 관해 이논하고 싶은 것들을 미리 생각해 볼 수 있다.	내 말을 듣는 관리자가 놀란 표정을 해서 괜히 말했나 싶었다. 그러나 관리자는 솔직하게 말해줘서 고맙다며 나를 지원하는 데 도움이 될 거라고 말했다. 그리고 다음 날 내가 힘들어하자 앉아서 숨 돌릴 수 있는 조용한 곳을 알려줬다. 동료들은 관리자에게 내 솔직함을 칭찬하며 솔직해서 나와 일하는 게 즐겁다고 했다.	나는 요구 사항을 솔직히 밝힐수록 사람들에게서 도움을 더 많이 받을 수 있다는 사실을 알게 됐다. 그 덕에 사람들이 나를 더 이해해 줘 함께 지내기가 보다 쉬워졌다. 게다가 사람들이 나를 더 편하게 생각하며 마음을 티놓는 것 같다.

람이 누군지부터 떠올려야 한다. 지원받을 정도로 관리자와 친하지 않다면 친절한 동료를 생각해 볼 수 있다. 직장에서는 모두 어느 정도 위장하고 조직의 행동 방식에 맞출 줄 알아야 한다. 그러나 사측이 합당한 조정 요구를 무시해도 되는 건 아니다. 요구 사항에 맞게 사무실 환경이 바뀌면 능률을 높일 수 있어 회사 입장에서도 이익일 것이다. 많은 자폐인이 취업과 직장 생활에 어려움을 겪는다. 2021년, 영국 통계청에서는 성인 자폐인 중 고용 형태에 상관없이 직업을 가진 비율이 22퍼센트뿐이라는 충격적인 설문 결과를 발표했다.[106] 왜 그런지 잘 모르겠지만, 아마 지원부터 면접까지 채용 과정에서 자폐인을 향한 지독한 오해가 있을 것이며 많은 자폐인이 신체 문제와 정신 문제를 모두 겪어 직장 생활을 할 수 없다는 이유가 클 것이다. 따라서 여러분이 현재 또는 미래의 고용주에게 자폐라고 밝히는 건 쉽지 않고, 성향과 상황에 따라 결정할 일이다. 나는 면접 볼 때마다 자폐라고 말했고 그 덕분에 직장에서 어떤 강점을 보일 수 있는지 설명했다. 단, 일자리를 제안받고 사람들을 잘 알기 전까지 합당한 요구 사항과 필요한 것은 입 밖에 내지 않는다.

취업하고 나면 매일 자폐를 감추겠다며 에너지와 자원을 몽땅 쏟아서는 안 된다. 그렇지 않으면 몇 달 만에 완전히 번아웃에 빠질 것이다. 위장해야 할 때와 위장해 봐야 해로울 때를 똑똑하게 가리도록 하자. 예를 들어, 우리 모두 면접에서는 가면을 쓰고 좋은 인상을 남기려 하지만, 이런 이미지를 일주일 내내 출근해서 퇴근할 때까지 유지하고 있을 수 없다. 면접이 어렵다면 면접관에게 자폐 사실을 밝히고 도움이 필요할 수도 있다고 드러내는 실험을 해보자. 나는 남들과는 다른 내 사회적 행동에 면접관이 가질지 모를 무의식적 편향이 면접에 개입하지 못하게 미리 상황을 그려보는 습관을 들였다. 내가 여러분이라면 면접을 주관하는 인사팀에 자폐라고 밝히며 정확히 답하는데 시간과 정보가 더 필요할 수 있고, 낯선 상황에서 새로운 사람들을 만나면 평소보다 불안해진다고 말할 것이다. 아마 이런 위험을 감수하고 싶지 않을 수도 있다. 이해한다. 이외에도 가장 먼저 위장을 줄일 만한 상황이 있을 것이다. 다른 예를 살펴보자.

이번 행동 실험은 조금 다르다. 평소와 다른 행동을 시험하는 대신 친한 친구에게 내 행동을 어떻게 봤냐고 물어봤다. 단, 도움을 얻을 대상으로 믿을 만한 사람을 떠올리는 것만큼은 여전히 중요하다. 나는 낯선 환경에서 모르는 사람들과 온종일 있으면, 위장이 풀려 남들이 이상한 행동을 알아채고 나를 부정적으로 평가할 거라는 가설을 세웠다. 그러나 내 친구는 자기 걱정하느라 내 행동을 거의 눈치채지 못했

행동 실험 예시 2

상황	예상되는 일은?	알아볼 방법은?	실제로 일어난 일은?	소감
결혼식에 초대받았는데 낯선 환경에 모르는 사람들이 너무 많아 계속 위장하고 있지 못할까 봐 불안하다.	위장이 풀리면 사람들이 나보고 이상하게 행동한다고 즐기고 있지 않다고 생각할 것이다.	결혼식이 끝나고 믿을 만한 친구나 친척에게 내 행동을 보고 어떻게 생각했는지 물어볼 것이다.	친한 친구에게 행동 실험을 설명하고 내 행동을 어떻게 생각했냐고 물어봤다. 그러자 친구는 다른 사람과 대화를 나누고 외모에 계속 신경 쓰느라 정신이 팔려 내 행동이 어땠는지 잘 기억나지 않는다고 했다. 조용해 보이긴 했지만, 결혼식이 오랫동안 이어져서 그저 피곤한가 보다 하고 생각했다고 한다.	사람들은 생각만큼 내 행동에 신경 쓰지 않는다. 종종 자기 외모나 주변 일에 정신이 팔려 있어 눈치채지 못한다. 행동 변화를 알아챈다 해도 부정적으로 판단했다는 의미는 아니다.

다! 결혼식장에서 나를 부정적으로 본 사람이 한 명도 없다고 확신할 수는 없지만, 그 상황에 최대한 잘 대처했고, 평가받는다는 두려움이 생각만큼 크지 않았던 건 분명하다. 우리는 남의 생각을 결코 통제할 수 없을 것이고, 우리가 남을 평가하듯 남도 우리를 평가할 수 있다. 그러나 어떤 평가를 받을지 예상할 때, 우리 머릿속은 그 결과를 현실보다 훨씬 부풀리는 것 같다. 행동 실험을 연습할수록 그간 '최악의 시나리오'를 바탕으로 남들의 생각을 과장했다는 사실을 알게 될 것이다. 그리고 결국 스스로 이런 질문을 하게 된다. '누군가가 나를 부정적으로 본들 그게 엄청 큰일일까?' 부정적인 시선과 함께 겪을 수 있는 최악의 상황은 무엇일까? 가끔 아주 잠깐 몹시 불쾌하고 바보 같은 기분이 들 것이다. 그렇다면, 4장에서 살펴본 '고통 감내' 활동으로 돌아가 이 불편한 감정을 다스리는 법을 연습하도록 하자. 물론 남들의 평가는 더 심각한 결과를 초래할 수도 있다. 평가가 괴롭힘이나 차별로 바뀔 때는 피해를 더 입지 않도록 행동에 나서야 한다. 여러분이 지금 이런 상황에 처해 있다면, 행동 실험을 하며 괴롭히는 사람에게 마음을 터놓을 게 아니라 일단 빠져나와 여러분의 편이 될 수 있는 사람들과 만나야 한다. 지금까지 나는 통제권을 쥐고 어떤 상황에서는 다르게 접근하자 했지만, 그게 우리 기분을 신경 쓰지도 않는 사람들의 못된 행동까지

행동 실험 예시 3

상황	예상되는 일은?	알아둘 방법은?	실제로 일어난 일은?	소감
친구가 주말에 콘서트에 같이 가자고 했지만, 나는 그 밴드를 아주 싫어하고 복작대는 곳에서 세대로 대처할 수 없을 것 같다.	가고 싶지 않다고 한다면, 친구는 실망할 테고 내가 따분한 인간이라고 생각하면서 다시는 뭘 같이 하자고 안 할 것이다.	친구에게 문자를 보내 같이 보내는 시간이 즐겁긴 하지만, 일주일 내내 너무 바빴고 다른 장르의 음악을 좋아해서 콘서트에 같이 못 갈 것 같다고 할 수 있다.	문자를 보내고 너무 불안한 나머지 답장이 왔나 계속해서 휴대전화를 확인했다. 마침내 온 답장에는 걱정하지 말라는 친구의 많이 담겨 있었다. 나 때문에 화났나, 평소와 '달라졌나' 걱정했지만, 친구는 주말에 뭐 좀 먹고 영화도 보러 갈 거냐고 물었다.	사람들은 내가 자기들이 좋아하는 것에 관심이 없다 해서 따분하다고 생각하지 않을 것이고, 우리 둘 다 좋아하는 걸 가지고 시간을 보내려 할 것이다. 또한, 나는 이번 '거절'을 통해 모든 제안을 '승낙'할 필요가 없다는 기준을 세웠으며 앞으로 얄보이지 않을 것이다.

견디라는 말은 아니다. 다음 예시도 살펴보자.

세 번째 예시는 내게 흔히 일어나는 일로, 하기 싫은 걸 하자는 요청을 받았지만 거절하고 싶지는 않은 상황을 보여준다. 나는 남의 말이라면 다 좋다는 식으로 보이고 싶어서 위장하기도 하는 터라 거절은 곧 언제나 승낙한다는 굳은 신념과 충돌한다. 그래서 이 상황에서는 콘서트에 안 가고 싶다고 말해서 친구의 미움을 사고 앞으로 더는 그 친구와 어울리지 못하는 결말을 떠올리게 된다. 이런 생각에는 4장에서 살펴봤던 사고 오류가 담겨 있다. 나는 거절한 탓에 친구와 맞이할 앞날에 영향을 받을 거라 생각하며 상황을 걷잡을 수 없이 부풀리고, 친구의 미움을 살 거라는 독심술적 오류를 저지르며, 친구의 반응을 그려보는 예언자적 사고를 하고 만다. 그러나 내 친구는 나처럼 상대의 선택을 존중할 줄 아는 사람이었고, 우리의 우정과 함께하는 시간을 여전히 소중히 여기고 있었다. 다들 억지로 자리만 차지하고 있는 사람과 어울리고 싶어 하지 않는다. 내가 음악도 장소도 싫어하면서 같이 콘서트장에 가겠다고 한 걸 알았다면 친구는 아마 화를 냈을 것이다. 앞으로 두 번 다시 콘서트 얘기는 꺼내지도 않을 거고, 이제는 영화 관람과 식당 탐방 등 내가 즐기는 게 뭔지 잘 안다! 친구들과 같은 관심사를 가져야 한다고 생각하며 '대세를 따르는 것'은 성장 과정에서 꽤 흔한 일이다. 많은 사람이 10대 시절에는 다음 '유행'을 따라잡고 유행보다 앞서려 발버둥 쳤다. 그때 나는 분명 딴 세상에 있었다. 몇 달 후에 때 지난 신상 '머스트 해브' 장난감을 사거나 (제2차 세계대전 피난민들, 교회 수채화, 논픽션 쓰기처럼) 친구들 사이에서 분명 얘기조차 안 나오는 따분한 취미에 관심을 보였다. 그러다 당황하고 까발려진 느낌에 진짜 관심사는 물론이고 무엇이 좋고 싫은지를 감추며 남들처럼 살아야겠다고 마음먹었다. 2장에서 살펴본 것처럼 이런 태도는 자랄 때만 도움이 되지 성인이 되고 나서는 필요하지 않다. 다 크고 나서는 개성을 중시하고, 남을 따르기보다는 통통 튀면서 자기 마음도 잘 아는 사람을 인정한다. 여러분이 성인 자폐인으로서 어떻게 개성을 표현할지 연습할 때 행동 실험이 좋은 출발점이 될 것이다. 마지막으로 예시 하나만 더 보자.

이번 마지막 실험은 까다로운 편이다. 나는 남들 앞에서 손가락을 꼼지락대는 상동행동을 하면 비웃음을 사거나 문제 있어 보인다는 인상을 줄 거라 예측했다. 남들이 뭐라 생각했는지 알 수 없지만, 남들 앞에서 상동행동을 했다고 해서 끔찍한 일이 일어나진 않았다. 나는 앞으로 사람들이 더 많은 곳에서 시험해 보거나 같이 있는 사람에게 내 상동행동

행동 실험 예시 4

상황	예상되는 일은?	일어날 방법은?	실제로 일어난 일은?	소감
항상 남들 앞에서는 손가락을 꼼지락대는 상동행동을 하지 않으려고 안간힘을 써야 한다.	사람들이 본다면, 내가 문제를 쥐고 있으며 '제 정신이 아니라고' 생각할 것이다.	기차에 타 있는 동안 잠시 손가락을 꼼지락댈 것이다.	긴장하며 기차에 탔지만, 사람이 없었다. 점퍼 아래로 손을 숨겨 꼼지락대다가 결국 드러내놓고 했다. 누군가가 나를 봤지만 아무렇지 않게 눈길을 돌렸다. 나를 비웃거나 내 얘기를 하는 사람은 보이지 않았다.	기차에 탔던 사람들이 무슨 생각을 하고 있었는지 잘 모르지만, 상동행동을 드러내 놓고 하니 해방감이 느껴지고 평온한 기분이 들었다. 사람들이 더 많은 곳에서도 시험해 보고 싶다.

190

을 보고 무슨 생각을 하는지 물어볼 수도 있다.

이제 여러분이 행동 실험에 나설 차례다. 어떤 주제가 좋을지 생각해 볼 때 3장에서 확인한 위장 행동을 되돌아보고 그중 일부를 줄여보는 특정 시나리오를 떠올려 보자. 이때 남들과 더 '어울리려고' 노력하는 방식은 물론이고 자폐 특성을 감추고 보상하는 방법까지 살펴봐야 한다. 그리고 남들과는 다른 개인적인 상황을 실험할 방법을 생각했으면 한다. 구체적으로 파고 들어가서 안전하게 시험해 볼 수 있는 상황을 신중히 고르도록 하자. 결과를 알아내는 데 얼마 안 걸리는 실험도 있을 것이다. 따라서 예측대로일지, 걱정했던 일이 일어날지 알아볼 수 있다. 그러나 언제나 사회적 상호작용을 의식하며 전부 다 실험할 필요는 없다. 그랬다가는 위장하는 것만큼이나 지칠 것이다. 그저 몇 번만 해 봐도 지금처럼 위장을 의식해야 하는지 알게 된다. 그리고 실험을 하면서 느낀 감정을 바탕으로 결과를 이끌어낼 수 있다. 마음이 좀 편해졌나? 대화가 쉬워졌나? 기운이 솟아났나? 아니면 가까운 사람과 함께 실험하고 그들에게 여러분의 행동을 어떻게 생각하느냐고 물어봐도 좋다. '이상하다'고 하던가? 뭘 하고 있는지 알아챘던가? 실험에서 보통 어떤 인상을 받던가?

남과 어울리려고 애쓰며 그들의 표정과 자세를 따라 하는 탓에 모르는 새 몸에 밴 위장을 행동 실험에 적용하기란 쉽

★ 행동 실험 연습하기

상황	예상되는 일은?	일어볼 방법은?	실제로 일어난 일은?	소감

지 않다. 그러나 그중에서 의식할 수 있고 기운까지 쭉 빠지는 위장을 줄이려고 하다 보면 위장하던 상황을 마주할 때 덜 불안할 것이다. 또다시 말하지만 위장을 그만둘 필요는 없다. 활동 실험을 제안한 건 실제로 위장 때문에 얼마나 많은 스트레스를 겪고 있으며 어떤 기법을 통해 스트레스를 줄일 수 있는지 알아보려는 의도였다. 가까운 사람들에게 마음을 터놓고 무엇을 원하고 필요로 하는지 밝히는 게 그 자체로 도움이 될 것이다. 또한 앞서 살펴본 나 자신에 공감하는 마음챙김 활동으로 충분할 수도 있다. 이때 기존에 그랬듯 남들이 무슨 생각을 할지 눈치 보기보다는 여러분 자신을 먼저 생각해야 한다. 앞서 살펴봤듯 이런 자기 계발 활동을 하면 부정적인 감정이 들 때도 있다. 자꾸 심하게 불안해지거나 우울해진다면 활동을 잠시 멈추고 쉬면서 즐거운 일을 해보자. 원래 하던 활동을 다시 시작하고 또 스트레스를 받는다면 다음 활동으로 넘어가도록 하자. 건너 뛴 활동은 준비되면 언제든 다시 할 수 있다.

자아 다시 쌓아 올리기

이 책과 함께하는 여정에서 어려운 것 중 하나는 살면서 불행했거나 진정한 자신이 될 수 없던 순간을 다시 마주하는 일이다. 우리 중에는 위장과 그에 따른 어려움까지도 알고 있는 사람이 있을 테지만, 반대 경우도 있을 것이다. 특히 늦게 자폐 진단을 받았다면 받아들이기까지 감정 기복이 꽤 심했을 것이다. 우리는 '예전 자아'를 새로운 '미래 자아'에 버무려야 한다. 1983년에 셸리 E. 테일러Shelley E. Taylor가 제안한 인지적응모형이라는 게 있다.[107] 이 모형은 새로운 인생을 맞아 바뀐 정보를 받아 들고 자아감과 미래 정체성을 어떻게 다시 평가할지 설명한다. 단계는 총 세 개다. 경험 속에서 의미를 찾고 삶에서 다시 통제력을 쥐고서 자존감을 강화하면 된다. 우리는 처음 몇 장에서 경험 속에 숨은 의미를 살펴보며 1단계를 경험했다. 위장처럼 스스로 개발한 대응 기제와 개발 이유를 보다 깊이 이해하면 경험을 바라볼 때 의미를 더할 수 있다. 여러분은 최악의 상황을 쉽게 떠올리기 때문에 삶 전체가 거짓이라고 생각하기 쉽다. 그러나 그런 생각은 또 다른 사고 오류고 여러분을 우울함과 절망으로 이끌 뿐이다. 사실 그간 살아온 세월은 거짓이 아니었다. 여러분은 언제나 그대로였지만 험난한 상황을 마주하며 자아를 드러내기 어려웠을 뿐이다. 지금껏 긍정적인 일도 많이 겪은 덕에 눈에 확 띄진 않아도 자신만의 강점을 가지고 성장했다. 이제 이 책에서 소개한 활동을 통해 다시 통제력을 쥐며 두 번째 단계도 끝마칠 수 있다. 이 단계에서 여러분은 자신의 믿음에 다시 집중하고 자신을 향해 공감하면서 더는 참여하고 싶지 않은 일을 거절하고 즐거운 일을 하며 사고 오류를 바꿔나갈 것이다. 이번 장의 후반부에서 우리는 자존감 강화라는 마지막 세 번째 단계를 살펴볼 것이다. 책에서 소개한 여러 사람의 경험을 보고 비슷한 경험을 하는 사람이 또 있다는 사실을 깨달았기 바란다. 자존감을 높이고 자신감을 얻어 나 자신을 더 드러낼 좋은 시작점이다. 이어서 여러분의 목표와 핵심 가치가 무엇인지 알아보고 자부심을 강화하는 데 이용할 수 있는 활동을 알아볼 것이다.

첫 번째 활동은 주변 사람들을 존경하는 이유를 생각해 보며 여러분의 핵심 가치가 무엇인지 파악할 기회를 준다. 다음 표에 존경하는 사람에는 누가 있고 배울 점은 무엇이 있을지 적어놨다. 주변에 딱 맞거나 그다지 존경할 인물이 없다 해도, 전혀 문제없다! 기억 속의 인물을 떠올릴 수도 있고, 개인적으로 모르는 사람을 생각해 볼 수도 있다.

★ 내가 존경하는 사람들

나와의 관계	해당 인물	배울 점
가족	예: 제임스 (오빠)	예: 느긋하고 화내지 않는다
연인/배우자	예: 메건 (배우자)	예: 참을성 있고 너그럽다
친구	예: 앨리	예: 공감할 줄 알고 남의 믿음과 경험을 이해해 준다
동료		
선생님		
유명인		
의사		
치료사/활동 지원사		
이웃		
기타:		

이 사람들에게서 배울 점을 찾아보자. 그중 어떤 가치가 가장 중요하다고 생각하는가? 다음 표에 핵심 가치를 몇 개 적고 여러분이 언제 그런 가치를 드러냈으며, 앞으로 어떻게 더 드러낼 수 있을지 생각해 보자.

★ **내가 생각하는 핵심 가치**

가치	과거의 예	미래의 예
예: 공감	우리 부부는 내가 옳다고 생각하는 일로 말다툼했지만, 배우자가 정말 화난 걸 보고 나는 내 감정을 밀어놓고 위로하며 배우자 입장에서 말을 들어줬다.	다음에 누군가가 화나는 행동을 하면 일단 멈추고 그들이 어디서부터 무엇 때문에 그런 식으로 행동했는지 이해하려 할 것이다.

이 활동의 목표는 남의 이상적인 모습에 여러분 자신을 억지로 맞추는 게 아니다. 오히려 개인적으로 높이 사는 가치에 집중하는 것이다. 예를 들어, 자기 생각을 드러내는 걸 가치 있다고 생각하는 사람들이 많다. 객관적으로 좋은 것 같지만 나라면 따라야 할 중요한 가치로 써두지 않을 것이다. 나는 공감할 줄 알고 자기 기분과 상관없이 남의 입장에서 반응하는 사람들에게 존경심을 품는다. 두 가지 모두 정답도 오답도 아니다. 경험과 선호의 문제일 뿐이다. 그래서 여러분이 자신에게 가장 중요한 것이 무엇인지 파악할 수 있도록 주변 사람들의 가치에 집중하는 이 활동부터 소개한 것이다. 중요한 가치를 찾고 나서 그 가치대로 살아가려 노력할 때, 뿌듯해하며 자신감과 자부심을 키워나갈 수 있게 된다. 여러분은 그간 위장하면서 남들이 원하는 대로 행동하는 데 집중하다가 자기에게 중요한 가치를 일부 숨겼을 것이다.

자신감과 자기 공감에 집중했던 이전 장과 달리, 이번 장에서는 자기 자신과 위장에 관해 파악한 것을 현실 상황에 적용할 수 있는 활동을 소개했다. 위장하며 스트레스와 불안감 속에서 헤어 나오지 못하면 즐기는 일을 하면서 자신만의 관심사를 계발할 시간이 거의 없다. 대신 남의 인정을 받기 위해 사회적 상황을 예행연습까지 하느라 기운을 뺐다는 사실을 깨닫게 된다. 이번 장에서 살펴본 간단한 활동을 따라 하면 여러분의 목을 옥죄던 넥타이를 서서히 풀어 헤치고 그 무엇보다 자신을 재발견할 시간을 많이 확보할 수 있을 것이다. 개인적으로 이번 활동에는 고비가 곳곳에 있었다. 이목을 끌거나 남의 마음을 상하게 해서 생기는 온갖 불편한 감정을 피하며 몇 년을 보내고 나니 정반대로 행동하며 남들 곁에서 나 자신을 시험하는 게 끔찍했다. 그러나 믿을 만한 사람들과 함께 지금껏 살펴본 단계를 천천히 밟아나가며 긍정적인 변화를 기록한 덕에 이겨낼 수 있었다. 그 과정에서 위장을 얼마나 많이 풀어낼 수 있는지, 여전히 얼마나 필요로 하는지 파악할 수 있었고, 굳이 지금 스트레스를 받아가며 위장을 그만둬야 하는지도 판단할 수 있었다. 여러분은 온갖 위장을 그대로 안고 가고 싶다고, 더 많이 하고 싶다고 생각할 수도 있다. 오직 나 자신을 위해서 고민하고 결심하면 된다. 자의식과 함께 자신을 향한 공감을 탄탄히 키우고 어떻게 할지 결정하도록 하자.

주요
내용

- 위장은 기운을 다 빼버려 즐기는 일을 하거나 '나 자

신'이 될 틈을 좀처럼 주지 않는다.

- 예전에 즐겼지만 그만뒀거나 할 시간이 없던 일을 다시 해보자.

- 아는 사람들과 함께 위장을 푸는 간단한 방식을 연습하자. 어떻게 진행되는지 기록하고 앞으로 할 '실험'을 계획하도록 하자.

- 주변 사람들을 왜 좋아하는지, 그들의 핵심 가치가 무엇인지 집중해 보자. 그 가치에 따라 행동하면 자신을 더 긍정적으로 볼 것이며, 무능하다는 생각이 들게 하는 행동을 줄이게 될 것이다.

6

|

끝맺으며

나는 온 세상이 코로나바이러스로 혼돈에 빠지기 직전이던 2019년에 박사 과정을 마치자마자 이 책을 쓰기 시작했다. 내가 운 좋게 접한 정보와 정신 건강 지원을 다른 사람에게 소개하고 싶기도 했고 치료 경험에다가 자폐 위장을 연구하면서 얻은 지식을 함께 나누고 싶었기 때문이다. 위장을 알아채고 '진정한 자아'를 재발견할 여정에 나서도록 도와준 전문가들의 귀중한 조언이 없었더라면 나는 지금과 달랐을 것이다. 자폐 진단을 늦게 받은 우리 같은 사람들은 자폐 사실을 알기까지 오랫동안 위장한 경우가 많다. 게다가 헤치고 헤쳐도 뿌옇기만 한 자욱한 안개처럼 위장을 두르고 다닌다. 사실, 기다리던 진단은 자신을 들여다볼 수 있는 그림 중 작은 조각 하나에 불과하다. 잊고 살았던 정체성을 파악하는 데 도움이 되지만, 오랫동안 겪었던 트라우마와 자폐인지 몰랐다는 충격을 극복할 방법은 어디에서도 찾을 수 없다.

글을 시작할 때 자폐 진단 이후 정체성을 재발견하는 여정에 나서 산꼭대기에 오른 것 같다고 했지만, 정확한 표현은 아니었다. 봉쇄 정책으로 밖에 나가지 않고 가만히 책을 쓰는 동안 내가 아직도 위장하고 있다는 것을 알았다. 매일 출근해서 동료들을 보고 일주일에 여러 번 사람들과 어울려야 했을 때는 여전히 지쳐 있었다는 사실도 깨달았다. 그래서 책을 쓰면서 지금껏 소개했던 활동을 다시 해봤다. 내게 위장을 줄인다는 것은 살면서 계속 신경 쓰며 균형을 잡아야 한다는 말과 같다. 이 책에 실린 경험담을 보면 우리 자폐인은 살아가고 사람들 곁에서 자신감을 느끼기 위해 여전히 위장해야 하는 것 같다. 그러나 경험담의 주인공들은 거의 다들 위장 탓에 지쳤다고 밝히며 때때로 시간을 내 위장할 필요 없이 편안히 지내라고 조언했다. 나도 같은 조언을 하기로 했다. 자폐인에게 위장을 멈추고 진짜 자아를 드러내라고 하는 게 아니라 자신을 잘 알고 지치지 않도록 관리하는 방법을 알아보자는 것이었다. 가끔은 내게 공감해 주며 마음 놓고 가면을 벗어 던질 수 있는 곳을 마련하자는 말이다.

박사 과정을 마치고 이 책을 쓰기 시작할 무렵, 자폐 분야에서 위장이라는 개념을 둘러싸고 논쟁이 벌어졌다. 어떤 사람들은 위장을 자폐가 아니라 모든 인간 행동의 특징이라고 주장했고, 자기를 감추고 다른 사람인 척한다며 자폐인을 부당하게 비난하는 게 아니냐는 사람들도 있었다. 나는 이 책을 통해 인간이라면 모두 남을 복제하고 모방하며 학습하고, 자기 행동이 '전형적이지 않아' 고립감을 느낄수록 더 많이 모방할 수 있다는 사실을 분명히 전달했기를 바란다. 그래서 비자폐인은 타고난 행동을 모두 숨길 필요가 없고, 일부 특성을 숨긴다 해도 우리 자폐인처럼 오랫동안 심하게 위장하지 않을 수 있다. 우리처럼 오랫동안 위장이 일상이었다간 탈진에 이어 '번아웃'까지 겪을 것이다. 나는 또한 이 책에서 위장하는 사람에게 잘못이 없다는 점이 확실히 드러났기를 바란다. 다들 위장을 다 큰 어른의 대응 기제라고 생각했겠지만, 사실 어린 시절 사회적 트라우마에서 시작돼 성인기에도 방패가 돼주기 때문이다. '다름'과 연관된 지독한 오해부터 바로잡아야 하지만, 하룻밤 새에 해낼 수 없으니 그동안 우리는 스스로 보호하며 우리 자신의 행복부터 최대한 챙겨야 한다.

지금껏 강조했다시피 책에 등장한 도구와 조언을 보고 너무 어렵다거나 완전히 쓸모없다고 생각할 수도 있지만, 괜찮다. 이는 다들 욕구도 능력도 다르다 보니 모든 자폐인을 도울 수 있는 보편적인 접근법을 찾는 게 불가능하기 때문이다. 이 책이 중증 지적 장애가 없는 자폐인에게만 도움이 된다는 것을 잘 알고 있다. 그러나 위장과 정신 건강 문제는 이미 자신의 상태를 잘 알고 있는 사람 말고도 모두가 겪는다. 그래서 자폐인 사회와 자폐인 자신의 욕구를 알리는 데 소리 높여 경험담을 나누는 우리 같은 사람들의 역할이 매우 중요하다. 저마다 달라도 우리 자폐인들은 매일 전투와 도전에 직면하기 때문이다.

이때 자기 자신을 향한 공감과 자폐 친구들도 꼭 필요하다. 여러분은 끊임없이 여러분을 바꾸려 들며 여러분의 행동을 보고 '부적절'하거나 '규범에 어긋난다'고 말하던 사회에서 자랐을 것이다. 그래서 은근히 눈치를 봤거나, 모르는 척하고 주변에 맞췄다가 얼굴이 화끈거리는 일만 겪었을 것이다. 날이면 날마다 이런 낙인을 달고 '다름'을 가지고 살면 좋을 게 없다. 얼마나 몰두한지 모른 채 그저 '어울리려고' 끊임없이 자신을 바꾸는 데만 집중하다 보면 심한 자책과 수치심만 경험할 것이다. 게다가 나처럼 오랫동안 위장한 탓에 자기가 누구인지조차 모르게 된다. 어른이 된 우리 앞에는 이제 수치심을 좀 내려놓고 어린 시절로 돌아가 우리가 누구이며 어떤 존재가 되고 싶은지 다시 알아낼 수 있는 길이 있다. 그러나 자신에게 친절해야지, 왜 그랬을까 하고 호되게 자책해서는 안 된다. 비난은 남들에게서 충분히 받았으니 적어도 자신을 위해 그토록 필요했던 휴식 시간을 마련해야 한다. 여러분이 잘못한 것도 아니고, 이 세상에는 비슷한 일을 겪는 사람이 굉장히 많다.

책에 나온 비슷한 경험담을 보고 진정한 자아를 되찾는 이 여정에서 외로움을 조금이나마 달랬기 바란다. 오랫동안 겪은 외면과 사회적 트라우마에서 회복하려면 나 자신을 잘 알고 지지해 주는 것부터 해야 한다. '거절'할 자신감을 가지고 거절해도 미안해하지 않으며 자책하지 않고 자신의 욕구를 지지하면 놀라울 정도로 해방감이 든다. 나는 50대에 진단받고서 가면을 완전히 내려놓고 위장하지 않기로 마음먹은 사람들과 대화를 나눴다. 그런가 하면 자신감을 느끼고 그 모습이 좋아 위장을 버릴 수 없다는 사람들과도 대화를 나눴다. 이렇듯 우리에게는 선택지가 있다. 단, 자신을 속속들이 파악해 완전히 알 때 어떤 선택을 할지 결정할 수 있다.

자녀나 동료가 자폐를 앓고 있다면 왜들 탈진이나 정신 건강 문제로 어려움을 겪고 있는지 책 속에서 답을 찾았기 바란다. 다른 이유도 (당연히) 있겠지만, 내 경험상 문제를 일으키는 장본인은 위장과 '어울려야 한다'는 압박감이다. 곁에 위장할 필요 없이 믿고 편하게 대할 수 있는 사람이 있다면 자폐인들은 지금 느끼는 행복은 물론이고 앞으로의 정신 건강에까지 커다란 변화를 맞이할 것이다. 뭔가 다르다는 소리는 곧 남과 어울리려면 달라져야 한다는 말이라, 자책으로 이미 넘쳐버린 자폐인들의 물컵에 계속 물을 들이붓는 꼴이다. 그래서 여러분이 바로 앞에서 손을 퍼덕이고, 숨을 헐떡여 가며 관심사를 늘어놓고, 질문을 받고도 허공을 쳐다보고, 가만히 앉아 입도 뻥긋하지 않는 자폐인을 이해해 줬으면 한다. 불가능하거나 어려운 것보다 자폐인들에게 즐거움과 위안을 가져다주는 게 무엇인지 집중해 보자. 그리고 이미 매력적이고 지금 모습 그대로 남과 어울릴 수 있다고 힘을 실어주도록 하자.

　지금껏 살펴본 문제의 핵심은 인간이라면 다들 원하고 느끼고 싶어 애를 쓰기도 하는 소속감이다. 주변 사람들과 어울리는 것보다 더 만족스러운 건 없을 테고, 이때 온전히 자기 자신을 드러낸다면 더할 나위 없을 것이다. 그러니 이런 감정을 경험할 수 있도록 살면서 간절히 원했던 진정으로 쉴 곳을 마련하기 위해 노력하자.

감사의 말

나는 유니버시티칼리지 런던의 교수이자 최근에 「자폐의 사회적 위장: 가면을 벗을 때인가?Social camouflaging in autism: is it time to lose the mask?」라는 글을 기고한 윌 맨디와 대화를 나누다 이거다 싶은 생각이 들어 책까지 쓰게 됐다. 세라 캐시디 박사와 로라 헐 박사 등 자폐인의 위장과 정신 쇠약 사이의 연관성을 파헤친 여러 학자의 영향도 많이 받았다. 덕분에 자폐인에게 왜 정신 건강 지원을 해야 하는지 이해할 수 있었고 박사 연구에도 도움이 됐다.

또한, 다른 자폐인과 대화를 나누고 이메일을 주고받으며 그간 품었던 생각을 구체화할 수 있었다. 나는 내 말에 귀를 기울이며 솔직하게 모든 것을 털어놓은 그들의 생생한 경험담을 이 책에 담아냈다.

그리고 수년간 함께한 훌륭한 심리치료사들, 특히 예전에 나를 담당하며 내 자폐를 처음으로 알아채고 새로운 세상을 열어준 미술치료사 다이애나 왓츠Diana Watts가 있어 실용적이고도 치료 효과가 있는 여러 아이디어를 이 책에 실을 수 있었다. 처음으로 위장하지 않고 본 모습을 더 내보일 수 있는 기법을 알려준 모즐리 병원Maudsley Hospital 성인 자폐 심리 치료 서비스Adult Autism Psychological Therapies Service의 도움도 컸다. 게다가 이 책을 쓰면서 심리치료사와 상담할 수 있는 특권을 누릴 수 있었다. 이 자리를 빌려 여러 치료사, 특히 심리학 박사 카테리나 함에게 감사를 전한다.

마지막으로, 우리 엄마 린다 벨처, 평생의 동반자 메건 베넷과 메건의 어머니인 니키 베넷에게도 감사한다. 이들이 곁에 있어 책 내용을 다듬는 데 집중할 수 있었다.

참고 문헌

Asendorpf, J. B. (2002). Self-awareness, other-awareness, and secondary representation. In A. N. Meltzoff & W. Prinz (eds) *The Imitative Mind: Development, Evolution, and Brain Bases* (pp. 63-73). Cambridge: Cambridge University Press.
(12)

Ashworth, F., Clarke, A., Jones, L., Jennings, C., & Longworth, C. (2014). An exploration of compassion focused therapy following acquired brain injury. *Psychology and Psychotherapy: Theory, Research and Practice*, 88(2), 143-162. doi: 10.1111/papt.12037
(86)

Attwood, T. (2006). *The Complete Guide to Asperger's Syndrome*. London: Jessica Kingsley Publishers.
(21)

Bagatell, N. (2007). Orchestrating voices: autism, identity and the power of discourse. *Disability & Society*, 4, 413-426. doi: 10.1080/09687590701337967
(75)

Bailenson, J. N., & Yee, N. (2005). Digital chameleons: automatic assimilation of nonverbal gestures in immersive virtual environments. *Psychological Science*, 16(10), 814–819. doi: 10.1111/j.1467-9280.2005.01619.x

(15)

Baldwin, S., & Costley, D. (2016). The experiences and needs of female adults with high-functioning autism spectrum disorder. *Autism*, 20(4), 483–495. doi: 10.1177/1362361315590805

(33)

Baron-Cohen, S. (2012). *The Extreme Male-Brain Theory of Autism*. London: Penguin.

(40)

Baron-Cohen, S., Richler, J., Bisarya, D., Gurunathan, N., & Wheelwright, S. (2003). The systemising quotient: an investigation of adults with Asperger syndrome or high-functioning autism, and normal sex differences. *Philosophical Transactions of the Royal Society B: Biological Sciences*, 538(1430), 361–374. doi: 10.1098/rstb.2002.1206

(54)

Beck, A. T., Rush, A. J., Shaw, B. F., & Emery, G. (1979). *Cognitive Therapy of Depression*. New York: Guilford Press.

(105)

Beck, J. S. (2011). *Cognitive Behavior Therapy: Basics and Beyond* (2nd ed.). New York: Guilford Press.

(82)

Belcher, H. L., Morein-Zamir, S., Mandy, W., & Ford, R. M. (2021).

Camouflaging intent, first impressions, and age of ASC diagnosis in autistic men and women. *Journal of Autism and Developmental Disorders*, Advance online publication. doi: 10.1007/s10803-021-05221-3

(62)

Bellebaum, C., & Daum, I. (2007). Cerebellar involvement in executive control. *Cerebellum*, 6(3), 184-192. doi: 10.1080/14734220601169707

(53)

Bem, S. L. (1981). Gender schema theory: a cognitive account of sex typing. *Psychological Review*, 88(4), 354-364. doi: 10.1037/0033-295X.88.4.354

(38)

Bird, G., & Viding, E. (2014). The self to other model of empathy: providing a new framework for understanding empathy impairments in psychopathy, autism, and alexithymia. *Neuroscience & Biobehavioral Reviews*, 47, 520-532. doi: 10.1016/j.neubiorev.2014.09.021.

(23)

Bölte, S., Duketis, E., Poustka, F., & Holtmann, M. (2011) Sex differences in cognitive domains and their clinical correlates in higher-functioning autism spectrum disorders. *Autism*, 5(4), 497-511. doi: 10.1177/1362361310391116

(50)

Bundy, R., Mandy, W., Crane, L., Belcher, H., *et al*. (2021, February 2). The impact of COVID-19 on the mental health of autistic adults in the UK: a mixed-methods study. *OSF Preprints*. doi: 10.31219/osf.io/9v5qh

(68)

Cage, E., & Troxell-Whitman, Z. (2019). Understanding the reasons, contexts and costs of camouflaging for autistic adults. *Journal of Autism and Developmental Disorders*, 49(5), 1899-1911. doi: 10.1007/s10803-018-03878-x

(80)

Carpenter, M. (2006). Instrumental, social, and shared goals and intentions in imitation. In S. J. Rogers & J. H. G. Willams (eds) *Imitation and the Social Mind: Autism and Typical Development* (pp. 48-70). New York: Guilford Press.

(17)

Cassidy, S., Bradley, L., Shaw, R., & Baron-Cohen, S. (2018). Risk markers for suicidality in autistic adults. *Molecular Autism*, 9(42), 1-14. doi: 10.17863/CAM.33147

(42, 70, 72)

Chartrand, T. L., & Bargh, J. A. (1999). The chameleon effect: the perception–behavior link and social interaction. *Journal of Personality and Social Psychology*, 76(6), 893–910. doi: 10.1037/0022-3514.76.6.893

(14, 20)

Cooper, K., Smith, L. G. E., & Russell, A. (2017). Social identity, self-esteem, and mental health in autism. *European Journal of Social Psychology*, 47(7), 844-854. doi: 10.1002/ejsp.2297

(76)

Dean, M., Harwood, R., & Kasari, C. (2017). The art of camouflage: gender differences in the social behaviors of girls and boys with autism spectrum disorder. *Autism*, 21(6), 678-689. doi: 10.1177/1362361316671845
(36)

Ellis, A. (1957). Rational psychotherapy and individual psychology. *Journal of Individual Psychology*, 13(1), 38-44.
(90)

Estow, S., Jamieson, P., & Yates, J.R. (2006). Self-monitoring and mimicry of positive and negative social behaviours. *Journal of Research in Personality*, 41(2), 425-433. doi: 10.1016/j.jrp.2006.05.003
(20)

Farley, J., Risko, E. F., & Kingstone, A. (2013). Everyday attention and lecture retention: the effects of time, fidgeting, and mind wandering. *Frontiers in Psychology*, 4, 619. doi: 10.3389/fpsyg.2013.00619
(104)

Fine, C. (2010). *Delusions of Gender: How Our Minds, Society, and Neurosexism Create Difference* (1st ed.). New York: W. W. Norton.
(39)

Freud, S. (1962). *The Ego and the Id: (Complete Psychological Works of Sigmund Freud)*. New York: Norton.
(88)

Gilbert, P. (2009). *The Compassionate Mind*. London: Robinson.

(7, 83, 84, 87, 89, 98, 101)

Goffman, E. (1990). *The Presentation of Self in Everyday Life*. London: Penguin.
(55, 56, 78)

Greenberger, D., & Padesky, C. A. (2016). *Mind Over Mood* (2nd ed.). New York: Guilford Press.
(91)

Harari, Y. N. (2014). *Sapiens: A Brief History of Humankind*. London: Vintage.
(6)

Hartley, M., Dorstyn, D., & Due, C. (2019). Mindfulness for children and adults with autism spectrum disorder and their caregivers: a meta-analysis. *Journal of Autism and Developmental Disorders*, 49, 4306–4319. doi: 10.1007/s10803-019-04145-3
(97)

Hayes, S. C., Strosahl, K. D., & Wilson, K. G. (2012). *Acceptance and Commitment Therapy: The Process and Practice of Mindful Change* (2nd ed.). New York: Guilford Press.
(93)

Hendrickx, S. (2015). *Women and Girls with Autism Spectrum Disorder: Understanding Life Experiences from Early Childhood to Old Age*. London: Jessica Kingsley Publishers.
(22)

Hollocks, M. J., Lerh, J. W., Magiati, I., Meiser-Stedman, R., &

Brugha, T. S. (2019). Anxiety and depression in adults with autism spectrum disorder: a systematic review and meta-analysis. *Psychological Medicine*, 49(4), 559–572. doi: 10.1017/S0033291718002283

(57)

Hölzel, B. K., Lazar, S. W., Gard. T., Schuman-Olivier, Z., Vago, D. R., & Ott, U. (2011). How does mindfulness meditation work? Proposing mechanisms of action from a conceptual and neural perspective. *Perspectives on Psychological Science*, 6(6), 537–559. doi: 10.1177/1745691611419671

(96)

Hull, L., Lai, M.-C., Baron-Cohen, S., Allison, C., *et al.* (2020). Gender differences in self-reported camouflaging in autistic and non-autistic adults. *Autism: The International Journal of Research and Practice*, 24(2), 252–263. doi: 10.1177/1362361319864804

(34, 41, 79)

Hull, L., Mandy, W., Lai, M.-C., Baron-Cohen, S., *et al.* (2019). Development and validation of the Camouflaging Autistic Traits Questionnaire (CAT-Q). *Journal of Autism and Developmental Disorders*, 49(3), 819–833. doi: 10.1007/s10803-018-3792-6

(25, 28, 69, 78)

Hull, L., Petrides, K. V., Allison, C., Smith, P., *et al.* (2017). "Putting on my best normal": social camouflaging in adults with autism spectrum conditions. *Journal of Autism and Developmental Disorders*, 47(8), 2519–2534. doi: 10.1007/s10803-017-3166-5

(27, 46, 48, 77)

Ickes, W., Holloway, R., Stinson, L. L., & Hoodenpyle, T. G. (2006). Self-monitoring in social interaction: the centrality of self-affect. *Journal of Personality*, 74(3), 659–684. doi: 10.1111/j.1467-6494.2006.00388.x
(21)

Kapp, S. K., Steward, R., Crane, L., Elliott, D., *et al.* (2019). "People should be allowed to do what they like": autistic adults' views and experiences of stimming. *Autism*, 23(7), 1782–1792. doi: 10.1177/1362361319829628
(103)

Klimecki, O. M., Leiberg, S., Lamm, C., & Singer, T. (2013). Functional neural plasticity and associated changes in positive affect after compassion training. *Cerebral Cortex*, 23(7), 1552–1561. doi: 10.1093/cercor/bhs142
(85)

Kopp, S., & Gillberg, C. (1992). Girls with social deficits and learning problems: autism, atypical Asperger syndrome or a variant of these conditions. *European Child & Adolescent Psychiatry*, 1(2), 89–99. doi: 10.1007/BF02091791
(30)

Lai, M.-C., Lombardo, M. V., Ruigrok, A. N. V., Chakrabarti, B., *et al.* (2012). Cognition in males and females with autism: similarities and differences. *PLoS ONE*, 7(10). doi: 10.1371/journal.pone.0047198
(51)

Lai, M.-C., Lombardo, M. V., Ruigrok, A. N., Chakrabarti, B., *et al.* (2017). Quantifying and exploring camouflaging in men and women with autism. *Autism*, 21(6), 690-702. doi: 10.1177/1362361316671012

(52)

Lawson, W. B. (2020). Adaptive morphing and coping with social threat in autism: an autistic perspective. *Journal of Intellectual Disability Diagnosis and Treatment*, 8(8), 519-526. doi: 10.6000/2292-2598.2020.08.03.29

(26)

Leith, K. P., & Baumeister, R. (2008). Empathy, shame, guilt, and narratives of interpersonal conflicts: guilt-prone people are better at perspective taking. *Journal of Personality*, 66(1), 1-37. doi: 10.1111/1467-6494.00001

(13)

Linehan, M. M., Armstrong, H. E., Suarez, A., Allmon, D., & Heard, H. L. (1991). Cognitivebehavioral treatment of chronically parasuicidal borderline patients. *Archives of General Psychiatry*, 48(12), 1060-1064. doi: 10.1001/archpsyc.1991.01810360024003

(92)

Little, L. (2002). Middle-class mother's perceptions of peer and sibling victimisation among children with Asperger's syndrome and nonverbal learning disorders. *Issues in Comprehensive Pediatric Nursing*, 25, 43-57. doi: 10.1080/014608602753504847

(58)

Livingston, L. A., & Happe, F. (2017). Conceptualising compensation in neurodevelopmental disorders: reflections from autism spectrum disorder. *Neuroscience & Biobehavioral Reviews*, 80, 729-742. doi: 10.1016/j.neubiorev.2017.06.005

(29)

Livingston, L. A., Colvert, E., Bolton, P., & Happe, F. (2018). Good social skills despite poor theory of mind: exploring compensation in autism spectrum disorder. *Journal of Child Psychology and Psychiatry*, 60(1), 102-110. doi: 10.1111/jcpp.12886

(37, 45, 49, 73)

Mandy, W. (2019). Social camouflaging in autism: is it time to lose the mask? *Autism*, 23(8), 1879-1881. doi: 10.1177/1362361319878559

(1)

Mandy, W., Chilvers, R., Chowdhury, U., Salter, G., Seigal, A., & Skuse, D. (2012). Sex differences in autism spectrum disorder: evidence from a large sample of children and adolescents. *Journal of Autism and Developmental Disorders*, 42(7), 1304-1313. doi: 10.1007/s10803-011-1356-0

(32)

Marchant, J. (2016). *Cure: A Journey into the Science of Mind Over Body*. New York: Crown Publishing Group.

(100)

McGuigan, N., Makinson, J., & Whiten, A. (2011). From over-imitation to supercopying: adults imitate causally irrelevant aspects of tool use with higher fidelity than young children. *British Journal of Psychology*, 102(1), 1-18. doi:

10.1348/000712610X493115

(16)

Meltzoff, A. N. (1995). Understanding the intentions of others: re-enactment of intended acts by 18-month-old children. *Developmental Psychology*, 31(5), 838-850. doi: 10.1037/0012-1649.31.5.838

(11)

Meltzoff, A. N. (2002). Elements of a developmental theory of imitation. In A. N. Meltzoff & W. Prinz (eds) *The Imitative Mind: Development, Evolution, and Brain Bases* (pp. 19-41). Cambridge: Cambridge University Press.

(10)

Milton, D. E. M. (2012). On the ontological status of autism: the double empathy problem. *Disability & Society*, 27(6), 883-887. doi: 10.1080/09687599.2012.710008

(24)

Mishima, Y. (2017). *Confessions of a Mask*. London: Penguin.

(5)

Morrison, K. E., DeBrabander, K. M., Jones, D. R., Faso, D. J., Ackerman, R. A., & Sasson, N. J. (2020). Outcomes of real-world social interaction for autistic adults paired with autistic compared to typically developing partners. *Autism*, 24(5), 1067-1080. doi: 10.1177/1362361319892701

(63)

Nadel, J. (2002). Imitation and imitation recognition: functional use in preverbal infants and nonverbal children with autism. In A. N. Meltzoff & W. Prinz (eds) *The Imitative Mind: Development, Evolution, and Brain Bases* (pp. 42–62). Cambridge: Cambridge University Press.

(9)

NAS (2016). The autism employment gap: too much information in the workplace. Accessed on 27/1/22 at https://s3.chorus-mk.thirdlight.com/ file/1573224908/64036150693/width=-1/ height=-1/format=-1/fit=scale/t=445570/e=never/k=b0347eba/ TMI-Employment-Report-24pp-WEB-291020.pdf

(60)

ONS (2021). Outcomes for disabled people in the UK: 2020. Accessed on 27/1/22 at www.ons.gov.uk/peoplepopulationandcommunity/ healthandsocialcare/disability/ articles/outcomesfordisabledpeo pleintheuk/2020

(106)

Otterman, D.L., Koopman-Verhoeff, M.E., White, T.J., Tiemeier, H. *et al.* (2019). Executive functioning and neurodevelopmental disorders in early childhood: a prospective population-based study. *Child and Adolescent Psychiatry and Mental Health*, 13, art. 38. doi: 10.1186/s13034-019-0299-7

(44)

Pelton, M. K., & Cassidy, S. A. (2017). Are autistic traits associated with suicidality? A test of the interpersonal - psychological theory of suicide in a non - clinical young adult sample. *Autism Research*, 10(11), 1891–1904. doi: 10.1002/aur.1828

(71)

Pennington, B. F., & Ozonoff, S. (1996). Executive functions and developmental psychopathology. *Journal of Child Psychology and Psychiatry*, 37(1), 51-87. doi: 10.1111/j.1469-7610.1996.tb01380.x
(43)

Piaget, J. (1972). *Psychology of the Child*. New York: Basic Books.
(8)

Reddan, M. C., Wager, T. D., & Schiller, D. (2018). Attenuating neural threat expression with imagination. *Neuron*, 100(4), 994-1005. doi: 10.1016/j.neuron.2018.10.047
(99)

Sasson, N. (2021, March 1). *Interpersonal Mechanisms of Social Disability Seminar* [Lecture recording at Durham University]. Accessed on 27/1/22 at www.youtube.com/watch?v=elMeUjMr7GY
(66)

Sasson, N. J., & Morrison, K. E. (2019). First impressions of adults with autism improve with diagnostic disclosure and increased autism knowledge of peers. *Autism*, 23(1), 50-59. doi: 101177%2F1362361317729526
(64)

Sasson, N. J., Faso, D. J., Nugent, J., Lovell, S., Kennedy, D. P., & Grossman, R. B. (2017). Neurotypical peers are less willing to interact with those with autism based on thin slice judgments. *Scientific Reports*, 7(1), 40700-40700. doi: 10.1038/srep40700
(61)

Sedgewick, F., Hull, L., & Ellis, H. (2021). *Autism and Masking: How and Why People Do It, and the Impact It Can Have*. London: Jessica Kingsley Publishers.

(3)

Sedgewick, F., Hill, V., Yates, R., Pickering, L., & Pellicano, E. (2016). Gender differences in the social motivation and friendship experiences of autistic and non-autistic adolescents. *Journal of Autism and Developmental Disorders*, 46(4), 1297–1306. doi: 10.1007/s10803-015-2669-1

(35)

Shonin, E., Van Gordon, W., Compare, A., Zangeneh, M. & Griffiths, M.D. (2015). Buddhist-derived loving-kindness and compassion meditation for the treatment of psychopathology: a systematic review. *Mindfulness*, 6, 1161–1180. doi: 10.1007/ s12671-014-0368-1

(94)

Silberman, S. (2017). *Neurotribes: The Legacy of Autism and How to Think Smarter About People Who Think Differently*. Sydney: Allen & Unwin.

(65)

Solomon, A. (2014). *Far from the Tree: Parents, Children and the Search for Identity*. New York: Scribner.

(74)

Solomon, M., Miller, M., Taylor, S. L., Hinshaw, S. P., & Carter, C. S. (2012). Autism symptoms and internalising psychopathology in girls and boys with autism spectrum disorders. *Journal of*

Autism and Developmental Disorders, 42, 48–59. doi: 10.1007/s10803-011-1215-z
(31)

Stagg, S. D., & Belcher, H. (2019). Living with autism without knowing: receiving a diagnosis in later life. *Health Psychology and Behavioral Medicine*, 7(1), 348–361. doi: 10.1080/21642850.2019.1684920
(102)

Stuart-Fox, S., & Moussalli, A. (2008). Selection for social signalling drives the evolution of chameleon colour change. *PLoS Biology*, 6(1), 22–29.
(2)

Tang, Y. Y., Hölzel, B., & Posner, M. (2015). The neuroscience of mindfulness meditation. *Nature Reviews Neuroscience*, 16, 213–225. doi: 10.1038/nrn3916
(95)

Taylor, S. E. (1983). Adjustment to threatening events: A theory of cognitive adaptation. *American Psychologist*, 38(11), 1161–1173. doi: 10.1037/0003-066X.38.11.1161
(107)

Tierney, S., Burns, J., & Kilbey, E. (2016). Looking behind the mask: social coping strategies of girls on the autistic spectrum. *Research in Autism Spectrum Disorders*, 23, 73–83. doi: 10.1016/j.rasd.2015.11.013
(47)

van Baaren, R. B., Maddux, W. W., Chartrand, T. L., de Bouter, C., & van Knippenberg, A. (2003). It takes two to mimic: behavioral consequences of self-construals. *Journal of Personality and Social Psychology*, 84(5), 1093–1102. doi: 10.1037/0022-3514.84.5.1093

(19)

van Roekel, E., Scholte, R. H., & Didden, R. (2010). Bullying among adolescents with autism spectrum disorders: prevalence and perception. *Journal of Autism and Developmental Disorders*, 40(1), 63–73. doi: 10.1007/s10803-009-0832-2

(59)

Willey, L. H. (1999). *Pretending to be Normal: Living with Asperger's Syndrome*. London: Jessica Kingsley Publishers.

(4)

Williams, D. (1998). *Nobody Nowhere: The Remarkable Autobiography of an Autistic Girl*. London: Jessica Kingsley Publishers.

(67)

Wiltermuth, S. S., & Heath, C. (2009). Synchrony and cooperation. *Psychological Science*, 20(1), 1–5. doi: 10.1111/j.1467-9280.2008.02253.x

(81)

더 읽어볼 책

성인 자폐인을 위한 책

Bargiela, D. (2019). *Camouflage: The Hidden Lives of Autistic Women*. London: Jessica Kingsley Publishers.

Gilbert, P. (2010). *The Compassionate Mind*. London: Constable & Robinson.

Goodall, E., & Nugent, J. (2016). *The Guide to Good Mental Health on the Autism Spectrum*. London: Jessica Kingsley Publishers.

Sedgewick, F., Hull, L., & Ellis, H. (2021). *Autism and Masking: How and Why People Do It, and the Impact It Can Have*. London: Jessica Kingsley Publishers.

Van der Kolk, B. (2015). *The Body Keeps the Score: Mind, Brain and Body in the Transformation of Trauma*. London: Penguin.

Willey, L. H. (2014). *Pretending to Be Normal: Living with Asperger's Syndrome*. London: Jessica Kingsley Publishers.

자폐 아동을 위한 책

Bonnello, C. (2019). *Underdogs*. London: Unbound Digital.

Lovegrove, E. (2020). *Autism, Bullying and Me: The Really Useful Stuff You Need to Know About Coping Brilliantly with Bullying*. London: Jessica Kingsley Publishers.

Morton, C., & Morton, G. (2015). *Why Johnny Doesn't Flap: NT Is OK!* London: Jessica Kingsley Publishers.

O'Neill, P. (2018). *Don't Worry, Be Happy: A Child's Guide to Dealing with Feeling Anxious*. London: Summersdale Publishers.

Purkis, Y., & Masterman, T. (2020). *The Awesome Autistic Go-To Guide: A Practical Handbook for Autistic Teens and Tweens*. London: Jessica Kingsley Publishers.

The Students of Limpsfield Grange School, & Martin. V. (2015). *M is for Autism*. London: Jessica Kingsley Publishers.

부모나 보호자를 위한 책

Ali, A. (2013). *A Practical Guide to Mental Health Problems in Children with Autistic Spectrum: It's Not Just Their Autism!* London: Jessica Kingsley Publishers.

Cat, S. (2018). *PDA by PDAers: From Anxiety to Avoidance and Masking to Meltdowns*. London: Jessica Kingsley Publishers.

Higashida, N. (2013). *The Reason I Jump*. London: Sceptre.

McCulloch, A., & McCulloch A. (2021). *Why Can't You Hear Me?: Our Autistic Daughter's Struggle to Be Understood*. London: Jessica Kingsley Publishers.

Silberman, S. (2017). *Neurotribes: The Legacy of Autism and How to Think Smarter About People Who Think Differently*. Sydney: Allen & Unwin.

Solomon, A. (2014). *Far From the Tree: Parents, Children and the Search for Identity*. New York: Scribner.

교육자를 위한 책

Gilbert. L., Gus, L., & Rose, J. (2021). *Emotion Coaching with Children and Young People in Schools: Promoting Positive Behaviour, Wellbeing and Resilience*. London: Jessica Kingsley Publishers.

Draisma, K. (2016). *Teaching University Students with Autism Spectrum Disorder: A Guide to Developing Academic Capacity and Proficiency*. London: Jessica Kingsley Publishers.

Hebron, J., & Bond, C. (2019). *Education and Girls on the Autism Spectrum: Developing an Integrated Approach*. London: Jessica Kingsley Publishers.

Truman, C. (2021). *The Teacher's Introduction to Pathological Demand Avoidance: Essential Strategies for the Classroom*. London: Jessica Kingsley Publishers.

치료사를 위한 책

Ghaziuddin, M. (2005). *Mental Health Aspects of Autism and Asperger Syndrome*. London: Jessica Kingsley Publishers.

Moat, D. (2013). *Integrative Psychotherapeutic Approaches to Autism Spectrum Conditions: Working with Hearts of Glass*. London: Jessica Kingsley Publishers.

찾아보기